杨式田架太极拳新编八十一式

蔡天彪 著

人民体育出版社

图书在版编目（CIP）数据

杨式田架太极拳新编八十一式 / 蔡天彪著. -- 北京：人民体育出版社，2023

ISBN 978-7-5009-6336-3

Ⅰ．①杨… Ⅱ．①蔡… Ⅲ．①太极拳－套路(武术) Ⅳ．①G852.111.9

中国国家版本馆CIP数据核字(2023)第127816号

*

人民体育出版社出版发行
北京新华印刷有限公司印刷
新 华 书 店 经 销

*

787×960　16开本　12印张　212千字
2023年12月第1版　2023年12月第1次印刷
印数：1—3,000册

*

ISBN 978-7-5009-6336-3
定价：62.00元

社址：北京市东城区体育馆路8号（天坛公园东门）
电话：67151482（发行部）　　邮编：100061
传真：67151483　　　　　　　邮购：67118491
网址：www.psphpress.com

（购买本社图书，如遇有缺损页可与邮购部联系）

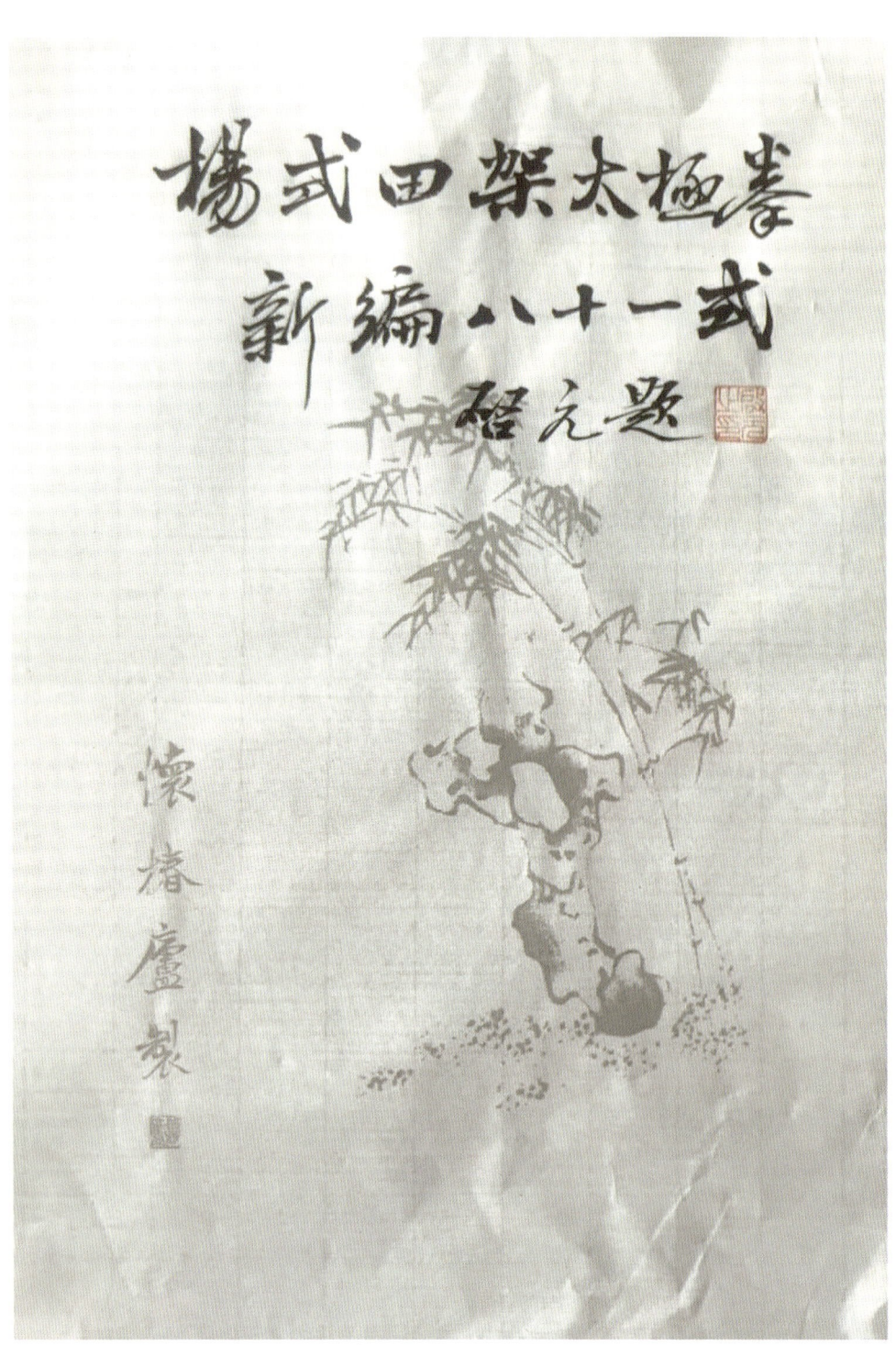

封面题词

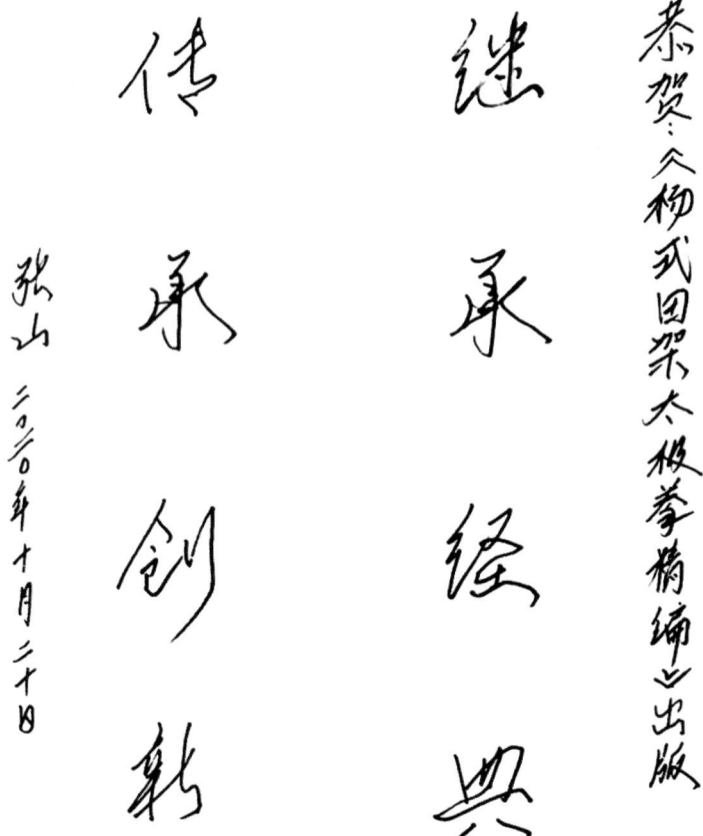

张山（1937—），生于北京，1955年开始习武，多年来一直从事武术竞赛、训练和科研工作。中国武术九段、武术国际裁判员、"中华武林百杰"。曾任中国武术协会专职副主席、中国武术协会副主任、国家体委武术研究院副院长、国家体委武术运动管理中心副主任、国家武术院专家委员会主任、国际武术联合会第一届技术委员会主任。1974年首次组织中国武术代表团赴美国、墨西哥访问并担任副团长，嗣后多次担任团长、领队出访或比赛。曾应邀到日本、比利时、波兰等国讲学，足迹遍布五大洲三十多个国家和地区。退休后仍致力于武术工作的传播和研究。

邱丕相（1943—），男，山东青岛人。上海体育学院博士生导师，教授，中国武术九段，国际级裁判。师从蔡龙云教授。曾任上海体育学院武术系主任，上海市政协委员，国务院学位委员会体育学科评议组成员，中国体育科学学会理事兼武术分会副主任，中国武术协会常委兼裁判委员会副主任，全国体育学院武术教材组组长，全国武术教练员岗位培训指导组副组长，全国体育院校武术教材主编，全国普通高校民族传统体育系列教材总主编。曾出任第十一、十二、十三、十四届亚运会武术总裁判长，第二、四、七届世锦赛及全运会总裁判长。全国武术十大名教授之一。

贺蔡天戬老师田梁杨式太极拳出版

拳舞太极承前育没
笔论阴阳醒世济人

北京人民大学
李德印敬贺
庚子年秋

李德印（1938—），出身于武术世家，三代名师。中国武术九段，最早一批获国际武术裁判称号，中华武林百杰、全国优秀裁判员、《中华武术》三十年最具武术影响力人物。曾任中国人民大学教授、中国武术协会委员、北京市武术协会副主席、北京市大学生武术协会主席。长期致力于太极拳的研究、推广，曾参与《48式太极拳教与学》《42式太极拳竞赛套路教与学》《42式太极剑竞赛套路教与学》等国家规定教材的编写、审定工作，曾担任国家武术队太极拳教练，全国及国际性武术比赛裁判长，具有广泛的社会影响和很高的国际声誉。

弘扬太极
推陈出新

贺杨式田桀太极拳精编八十一式出版

上海市陈式太极拳协会会长曹之麟题

曹之麟（1954—），1970年师承伯父曹晨声学练吴式太极拳及推手，1982年师承冯志强学练陈式太极拳，上海市陈式太极拳协会会长（1997年至今）、陈式心意混元太极拳第二代传人。1982年、1986年两次获上海市太极拳推手65公斤级第一名，1986年在全国武术太极拳锦标赛中获男子太极推手65公斤级金牌。2004年8月，随冯志强老师赴荷兰传授陈式心意混元太极拳及太极推手。

挥拳驱病涛去
著书传承创新

志阳焘天尧先生新作出版
岁次辛丑元月厚乔德文贺

邱德文（1948—），字厚乔，自幼爱好书法，作品荣获中国美术人才网举办的全国第八届书画大赛特等奖，全国"一带一路"国礼杯书画大奖赛金奖，全国"韶山杯"毛泽东诗词书画大赛金奖等，多次编入书画类的刊物书籍。时任宁波市武术协会顾问、宁波市太极馆名誉顾问。

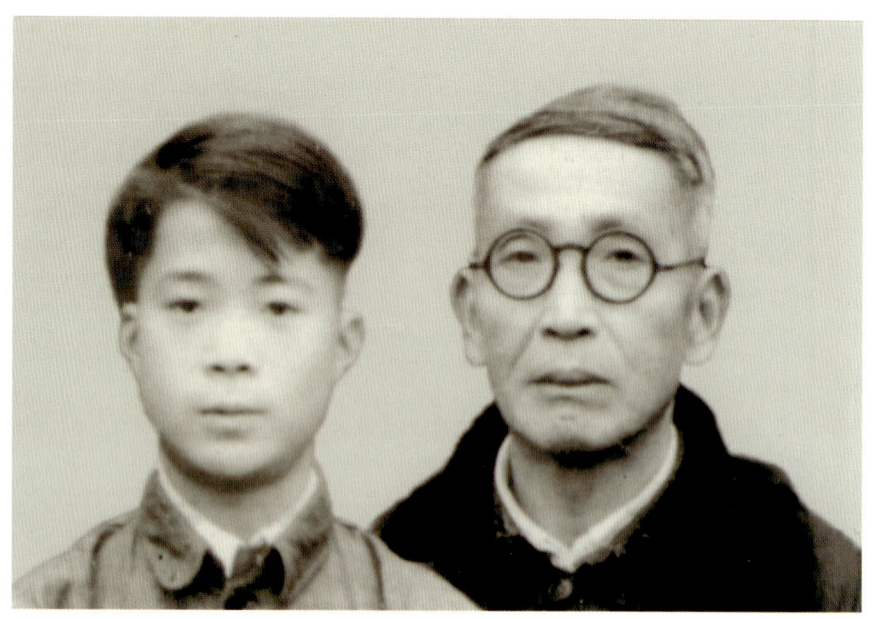

作者与师父陈志远先生

1957年,宁波市武术协会首届委员会暨教练员合影
第二排右四为陈志远先生,前排右三为作者

陈志远先生的部分弟子合影

后排左起：吴长川　徐成芳　吴光星　徐宝康　陈文玉　蔡天彪
前排左起：叶阿毛　陈明星　丁象洪　方正夫　金胜镇

2004年5月30日，在纪念陈志远先生诞辰110周年大会上，作者（前排右）与丁象洪大师兄（前排左）及徒弟合影，后排左一左二为丁象洪大师兄的徒弟任德弟、黄瑞华，右一右二为作者的徒弟达圆（耀惭）法师（温州普光寺主持）和潘可相（永嘉大乘寺主持）

作者（左）与中国武林泰斗、中国武术九段、武术技击家、武术教育家蔡云龙教授（右）在宁波市太极馆合影

作者与太极拳名家李德印教授在普陀山切磋拳艺

2004年5月，在福建厦门举行的全国武术太极拳锦标赛中，福建队和宁波队分获团体总分冠、亚军，作者与福建队总教练曾乃梁及其女儿曾卫红合影

作者学生李勇（右，中国武术七段，2008年全国功力大赛"桩上徒搏"项目获铜牌）与田兆麟嫡孙田秉渊（左）多次切磋太极推手技击拳艺，以武结友，亲如兄弟

2014年，作者率弟子重返故地宁波观宗寺练习杨式老架（田谱）九十八式起、承、开、合运气吐纳术

2014年，作者带领徒弟们在宁波观宗寺演练田架太极拳

宁波市太极馆成立十周年庆典大会，由太极馆会员百余人表演杨式田架太极拳经典套路。2013年8月13日被《人民日报》（海外版）"体坛纵横栏目"报道，题为《杨式98势经典套路》

宁波市太极馆学员及作者的徒弟们在太极馆练习太极推手

2015年4月18日，宁波市太极馆年会暨成立十二周年庆典，浙江省各级领导、各区（县市）武协负责人、各区（县市）太极馆会员以及武术界人士与会代表合影

2016年7月，作者受邀参加宁波余姚王西安拳法研究会成立大会，与陈式太极拳第十九代著名传人王西安及其弟子李天金合影，左一为作者弟子成建波（时任宁波市武术协会副主席）

2017年,在宁波市武术协会成立六十周年庆典大会上运动员演练"千人六式太极拳",前排领操者为作者女儿、太极馆教练蔡晓君

2020年7月,作者和老朋友陈启元先生60年后再次相聚时合影。陈老先生受作者之邀欣然为本书作序并为书名题词

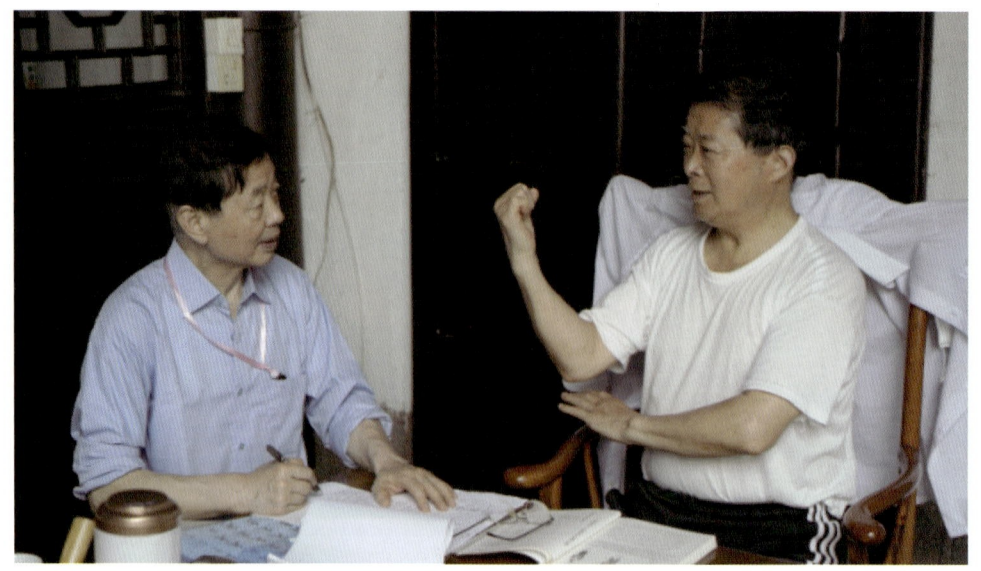

作者与殷苏长先生（宁波市武术协会顾问）探讨本书关于太极文化内涵的内容并做通篇校对

2020年11月作者在2020年宁波市"未来之星"传统武术比赛、宁波市第二届推手比赛、宁波市中国武术段位考试中，向全体教练员和运动员作动员报告

2021年4月作者应邀赴温州龙湾传授杨式田架太极拳新编81式
第一排从左到右为可相法师、蔡天彪夫妇、达圆法师

2021年5月，作者带领研修班学员在宁波月湖太极馆内集体练习启承开合功法

2021年11月，作者带领宁波市太极馆研修班学员在中科院淡水生态与生物技术宁波实验室（东钱湖太极拳培训基地）合影

2021年11月，宁波市太极馆研修班在东钱湖太极拳培训基地举办研学活动，图为作者（左二）就太极技法进行授课。左一为主持人蔡晓君（作者女儿）、左三为魏华彬（东海舰队航空兵原副司令兼参谋长，海军少将，海军飞行人员金质荣誉奖章获得者）

国际访问照片

1997年受宁波市政府委派,作者首次访问日本长冈京市,教授中国太极拳

2007年,宁波武术代表团再次赴日本友好城市长冈京进行太极拳表演和教授,受到长冈京市长小田丰先生(左六)及长岗京武术协会主席桥本圭一先生(左四)接见

2011年,受韩国友好城市大邱市市长邀请,宁波武术代表团赴大邱市进行友好访问。图为武术代表团集体表演宁波六式太极拳

2012年，宁波武术协会代表团访问奥地利，受到社会各界热情接待

2012年，宁波武术协会代表团访问奥地利，同奥地利、捷克等武术运动员进行武术表演和交流

2013年，作者带团访问美国友好城市威尔明顿，并进行武术交流和表演

2013年，宁波武术代表团赴华盛顿，图为访问中国驻美国大使馆时的合影

宁波武术协会应邀出访奥地利、法国鲁昂等地，进行国际交流。
图为作者2013年与勒马尚先生在鲁昂市政厅的合影。
法国鲁昂宁波友好交流协会主席勒马尚先生，
为宁波市政府授予为宁波荣誉市民，曾多次来访宁波太极馆，进行友好交流

2014年7月，宁波太极拳协会出访加拿大温哥华，并进行太极拳交流和表演

2015年9月，宁波市武术代表团访问英国诺丁汉市，进行武术交流时合照

2018年9月，宁波市武术代表团出访俄罗斯、波兰，教授中国太极拳

作者简介

蔡天彪，男，1942年出生，1954年师从浙东名师陈志远先生学习太极拳、剑和太极推手等。

1957年担任宁波市武术协会教练，1983年担任宁波市武术协会副主席兼教练委员会主任，1987年担任宁波市武术协会副主席兼秘书长，1993—2018年连任五届宁波市武术协会主席，2000年被聘为浙江省武术协会副主席，2008年被中国武术协会评为中国武术八段。先后兼任浙江省涉外武术教练专家组副组长、省段位制办公室副主任。2018年担任宁波市武术协会名誉主席。2003年1月担任宁波市太极馆馆长至今。

1983—1988年连续6年在浙江省散手、推手比赛中担任副总裁判长兼太极推手裁判长，1985—2001年连续5届担任宁波市全民运动会武术比赛总裁判长，

1986年被国家体委批准授予全国优秀裁判员荣誉称号。自1957年起已辅导培训数10万人次学习各式太极拳、剑。2004年自编六式和十八式太极拳在浙江省首届高级涉外教练员培训班上进行教学推广，使该套路在省及香港国际武术比赛中被列为正式比赛项目。近年来多次策划、组织了宁波市的群众健身运动，由其创编的六式、十八式太极拳大型千人表演活动，2008年5月组织了宁波市迎奥运万人六式太极拳表演。2008年由人民体育出版社出版《新编简易太极拳》六式、十八式图书，深受太极拳爱好者的欢迎，2015年由人民体育出版社出版的《杨氏老架九十八式太极拳（田谱）释解》一书深受武术爱好者的青睐。

1984—1985年应浙江省体委的邀请担任省散手、推手队教练员，并组团参加了全国对抗项目散手、推手比赛，荣获4金。1996年起连续担任宁波市武术队领队兼总教练，在参加全国太极拳锦标赛时，8年来共荣获11金、15银、18铜。2004年5月组团参加了在厦门举办的全国武术锦标赛，与专业队同场竞技，宁波市武术队共荣获2金、4银、3铜，并获得了2004年全国太极拳锦标赛团体总分第二名的好成绩。任宁波市武术协会主席期间，自筹资金承办了由国家体委武管中心主办的"恒江房厂杯"全国武术（太极拳、剑、推手）锦标赛（1995年）、"海通食品杯"全国武术功力大赛（2008年）；2013年受宁波市政府委托组织策划承办了首届宁波国际武术交流大赛，以上赛事均取得圆满成功。

1997年3月，受日本京都府长冈京市邀请，代表宁波市赴日进行太极拳讲学，之后多次率团出访美国、加拿大、日本、韩国、法国、奥地利、新西兰、英国、俄罗斯、波兰等国家进行武术传授、推广和交流活动，为中华武术的传承和发展作出了积极贡献。

序一

精益求精传承太极六十载

太极拳艺术系国家级非物质文化遗产，集颐养性情、强身健体、技击对抗等功能为一体，是中国传统文化之瑰宝。蔡天彪先生1954年师从浙东太极拳名师陈志远先生，1957年担任宁波市武术协会教练，历任宁波市武术协会主席、浙江省武术协会副主席，现为宁波市武术协会名誉主席、宁波市太极馆馆长。

六十多年来，蔡先生专心致力于宁波市乃至浙江省的武术运动事业，为弘扬中华武术和推广普及各流派的太极拳术事业作出了突出贡献。自编六式和十八式太极拳在浙江省首届高级涉外教练员培训班上进行教学推广，多次成功策划、组织宁波市群众健身运动和大型太极拳展示活动，推动甬上太极拳运动蓬勃发展，使之成为宁波体育健康事业的一道亮丽风景线。在担任宁波市武术队领队兼总教练期间，多次在全国太极拳锦标赛中摘金夺银，取得优异成绩。并代表宁波武术界数次出访日、美、法、英、加、俄、澳、韩等国家及中国香港、台湾等地区，为太极拳术的广泛传播与合作交流默默奉献。

宁波市太极馆位于风景秀丽的月湖景区旁，古色古香、幽静舒适，蔡先生数十年如一日，在这里精心指导和培育着一批又一批太极拳学员和太极爱好者，也与来自全国各地乃至国（境）外的太极高手切磋技艺、传承太极文化。蔡先生为人谦和、诲人不倦、一丝不苟、德艺双馨，深受大家的敬重和爱戴。

在言传身教、深入探究的前提下，蔡先生不顾年事已高，笔耕不辍，著书立说，先后出版专著《新编简易太极拳》和《杨氏老架九十八式太极拳（田谱）释解》。在此基础上，根据他近年来的实践和感悟，这次又编辑出版新专著《杨式田架太极拳新编八十一式》，该套路是在杨式田架的基础上取其精华、精心编排而成的。动作沉沉开合、节奏分明、连绵不断。拳式上下相随、内外相合、势势相联。步法灵活多变，动作舒展大方，且技击性强，体现了太极十三式中"八法、五行"的特色，这些都是本部新著的特色和精华所在。相信此书的出版，将为太极拳术专业人士及广大太极拳运动爱好者提供一本不可多得的探寻解惑读物。

张明华

庚子年秋于甬城

注：此序作者现任宁波市政协副主席、民建浙江省委会副主委、民建宁波市委会主委等。曾任宁波市北仑区副区长、宁波市副市长等职务。

序二

人生高处有太极

对于太极文化，我不是行家。

近受蔡天彪老师嘱托，要我为他新出版的专著写点东西，很是惶恐。

蔡老师作为活跃在长三角乃至国内拳坛几十年的当代名师级人物，在本地区政、军、学、商、企、体育等各界享有很高的声望，受到广泛尊崇。许多人要么听闻过他的简介，要么亲身跟他学过太极、得到过他的指点，要么跟他的学生乃至学生的学生学过拳。圈外人尊称他为"老师"，圈内人尊称他为"师父"。由此可见他的人品、性情、人气、名望、拳艺都没得说。

蔡老师师出名门，他的功夫是传承有序的。他是杨门名师田兆麟师爷的继承人。从12岁拜陈志远为师习练太极拳开始，发展到今天把太极作为一种文化来推广，可见蔡老师是视太极为生命的人，把太极文化作为毕生事业的人。他也是将太极由技能层面升华到思想、哲学、艺术、文化高度的人。

在痴迷太极、热爱太极、修炼太极、弘扬太极文化方面，我想用德、功、言"三立"来概括蔡老师60余年来取得的成就和达到的高度，也是很恰当的。

所谓"德"者，是一种为人处世所持的态度和思想境界。悟性不高之人、静不了心之人、没有恒心之人、吃不了苦之人、争强好胜之人、粗枝大叶之人、投机取巧之人、邪门歪道之人，在研习太极上绝对成不了大师。即便学了"一鳞半爪"，架子好看，也不会学到"真经"。看蔡老师习拳、讲拳、论拳、授拳，纯粹是一种精神的愉悦、艺术的享受。无论是动还是静，无论是桩功还是套路，那架子、那动作、那气质、那神情，把太极的思想、太极的哲学、太极的内涵、太极的精髓、太极的意境、太极的奥妙展现得淋漓尽致。那是一种深沉大度、出神入化、行云流水、潇洒飘逸、亦刚亦柔之感。以至于他在不打拳的时候，走、坐、站、蹲，都能看出受太极文化的浸润和深刻影响，所谓"站如松，坐如钟，行如风，卧如弓"也就是这个境界了。这就是从"童子功"开始历练了一辈子的功力，也是国家用"中国武术八段"的高段位给予认可的功力，用"高深"来表述，一点也不过分。有德之人才能有此修为，蔡老师"德配其位"。

所谓"功"者，是为国为民为大众竭尽所能而建立的功劳。多年来，蔡老师在弘扬国术方面做出的成就有目共睹，用一个"功"字概括不为过。在普及推广太极文化方面，他从1957年就开始担任宁波市武术协会教练员，后来又担任过教练委员会主任，也兼任过浙江省涉外武术教练专家组副组长、省段位制办公室副主任。几十年来，培训出的教练员成百上千，教过的中外学生成千上万，不少人因此而终身受益。在推动群众性体育运动方面，基本上每年都组织大型的群众性武术展示活动，为弘扬国粹举旗呐喊；广泛开展了武术进军营、进学校、进企业、进机关，在密切军政、军民关系上也有作为。在提高太极运动专业水平方面，他参与组织过各级各类大型武术竞赛，连续担任过浙江省武术竞赛副总裁判长、宁波市武术比赛总裁判长，是国家体委授予的全国优秀裁判员，担纲承办过国家级专业武术竞赛，代表浙江省组队参加过全国比赛，数次率宁波队参加全国比赛，金银铜牌拿了不少。在太极文化对外交往方面，他多次率团出访美国、加拿大、日本、韩国、法国、澳大利亚、新西兰、俄罗斯、英国及中国香港、台湾地区进行交流活动，也曾率队参加过美国举办的世界武术锦标赛。在履行武术的社会职能方面，他获得宁波市和海曙区的大力支持，主导在寸土寸金的5A级景区月湖畔开办了古香古色的宁波市太极馆，做到了"有人办事、有钱办事、有地方办事"，并连续18年担任馆长。他还当过浙江省武术协会副主席、宁波市武术协会主席多届，履行组织领导职责。可见，为推广普及太极运动，蔡老师做到了一个普通的太极人能够做到的所有事情，故称为"立功"实不为过。

所谓"言"者，就是把自己对自然、人生、事业、生活等诸多方面的独特的感悟、感受、感觉、感慨总结提炼出来，惠及大众，以飨后人。而且"言"是要有质量的，要有自己的感悟、自己的思想。通俗地说，要有自己独创的东西，方才算作"立言"。在这方面，蔡老师做得也很出色。早在18年前的2008年，他就出版了《新编简易太极拳》一书，专为上班族和青少年精编了颇有创新意义、简单易学的《六式太极拳》《十八式太极拳》。2015年，经师门共议，推他将师从陈志远研练了几十年的田兆麟谱《杨氏老架太极拳》加以整理形成文字出版。他很认真地做了这件事情，历经数年，不但出了成果，而且将自己对每一招式练习的体会总结归纳提炼成"技术要领""技击用法"和"窍要图说"。这种写法也是一种创新，可谓经典精华版的专著，且"言之有物"。他不辞劳苦，亲自为此书中每一个动作拍图片。此书命名为《杨氏老架九十八式太极拳（田谱）释解》，由人民体育出版社出版，使以前只依靠师父带徒弟方式口口相传的、即将

序二 人生高处有太极

濒临失传的这一套优秀拳种有了规范,从此可以文字形式存留于世,为发扬光大、永久传承提供了依据,做了前辈大师没有完成的事情,足以告慰田兆麟、陈志远二位老师。

我是2014年初,受时任东海舰队航空兵副政委张军挺少将的鼓动开始学习太极拳的。他对我说,去学太极拳吧。学太极就像往银行存钱一样,等于储蓄健康,越早储存越好,什么时候储存都好。这时的他已跟着蔡老师习练多年太极拳了。

俗话说,人过五十不学艺。然而受了张将军的鼓动,我在将近60岁的年龄上跃跃欲试,抱着将信将疑的心态,择了一个日子,早早赶到位于月湖畔的宁波市太极馆。经张副政委引见,结识了蔡天彪老师,开始了"菜鸟"启程的经历。谁想从此就欲罢不能,就这么一直坚持练习下来了。

先是学了蔡老师的看家套路"杨氏老架九十八式"。98个动作,别人通常1~2个月学完,我却足足用了9个月之多才勉强会比划了。启蒙老师叫戴济春。他很勤奋,每日基本上凌晨4点左右就到了太极馆,春夏秋冬、风霜雨雪,年复一年从不间断,教了无数人学拳。他很耐心,从不怕麻烦,你忘了我再教几次,直到学会为止。

接着,蔡老师又把我委托给他最主要的助手和学生,宁波浦发银行的丁天佑行长。他是一名银行的高级职员,也是一名优秀的太极"四会"教练员(军语:会讲、会做、会教、会做思想工作)。虽然他没考段位,但太极文化造诣很深,对太极的理解很透,拳打得也很好,太极文化的理论功底厚实,曾接替蔡老师任过一届浙江省武术协会副会长。于是就继续跟着丁行长学了第二遍和第三遍,算是连续上了两回"提高班""回炉训练",蔡老师也不时指点一二,教我动作和拳理,也算是他的学生了。

有幸结识蔡老师,也直接或间接地影响了一些人。近年来有不少以前的同事和战友也陆续加入了练习太极的队伍,并且现在水平不低。大家一致感到,太极拳的练习,不同于跑步、游泳、打篮球、踢足球这些体力消耗型运动。与上述运动相反,太极"用意不用力",越练越精神,越练越轻松,神更清,气更爽。不论多大年纪、不论男女老少,只要去练过,就会放不下。在情绪不佳时打趟拳,立马感到平静,在身体不舒服时打趟拳,立马就会舒畅。所以越来越多的人们自觉自愿地接近太极,喜爱太极。

现在,蔡老师积毕生的功力和感悟,又创编出新的精华版套路,为喜爱太极的人们又一次提供了新的经典之作——《杨氏田架太极拳新编八十一式》，可喜可贺！新书也同时凝聚着他对太极文化的尊崇和热爱，凝聚着他一生的心血和智慧。

我喜欢下面的这几句话，权当本文的结束语。

你要是高兴了，去打趟拳！

你要是沮丧了，去打趟拳！

你要是精神了，去打趟拳！

你要是劳累了，去打趟拳！

衷心地祝贺蔡老师新著出版，愿更多的人们从蔡老师的新书中找到自己的乐趣，找到太极的秘密，找到练习的标准，找到身心的健康！

武晋宁

2020年秋于甬上

注：此序作者为宁波市人民政府咨询委员会副主任，曾任中共宁波市委常委、宁波军分区司令员。

序三

甬上二老人文武一甲子

祝蔡天彪《杨式田架太极拳新编八十一式》出版并序

我与蔡天彪年少时曾同时习武，他师从陈志远先生学太极拳，我拜陈仁镐先生为师，学少林长拳，且常在同一地方锻炼。彼此虽非同门师兄弟，但因二位老师关系融洽，我与天彪又性情相投，异常亲近友好，彼此以哥弟相称。1957年，宁波市武术协会成立，我俩同为市武术协会委员、教练员。

嗣后，由于社会变迁原因，以及我本人又师从丁逸（乙卯）先生，悉心研习书法，练拳成了偶一为之的事情，于是我俩就没有碰面的机会了。但我心里始终记得天彪兄弟，当听到他率团在国内外比赛中获奖，为乡、为国争光的消息时，都会由衷地表示高兴。在与我儿陈光烈叙聊时，也常会提起与天彪一起练拳的往事。一天，光烈告诉我，晚上同去会餐，并说蔡天彪先生出席。我一时感到突然，询问之下才知，原来光烈与天彪外甥友善，他们在闲谈中说起二位老人都在想念对方，于是二位小辈就策划我与天彪相见的事了。

今年6月27日晚，在舟宿夜江天彪外甥的会舍里，我与天彪终于相会了。屈指一算，我俩已60年不见，一旦相会，亲切之情难以言表。天彪还拿出1957年11月24日宁波市武术协会委员、教练员合照让我指认。我俩面对照片中陈仁镐、陈志远二位恩师的奕奕神采及青春年少的自己，真是百感交集。光阴荏苒，倏忽已过一个甲子有余了啊！60年前的情节，又清晰地在我脑海中浮现。

20世纪六七十年代，条件差，市里没有像样的体育场馆，我们练拳多在市体育场（现在的中山广场）、中山公园，有时还在天封塔下面。时段有早上也有晚上。记得有一年夏天，我去体育场，看天彪他们练太极。只见他们在单练搂膝拗步动作，架子放得很低很低，大腿面与地面平行。就这样，循着环形跑道一个一个做下去，做得汗流浃背也不停息。蚊子叮咬，也只是偶尔拍打一下而已，练拳不受到影响。就这样，寒暑不辍，风雨不断，几年下来，练出了功夫，这就是

"童子功"。蔡天彪之所以成为今天的国家级太极拳名师，有一身过硬的童子功，此其一也。

天赐良缘，天彪一学拳就遇到一位好老师——陈志远先生。志远先生何许人也，杨式太极宗师杨健侯、杨少侯、杨澄甫、田兆麟的传人。田兆麟对陈志远可谓倾囊相授。天彪能得陈志远先师的青睐，蒙先师悉心相教，得其真传，此天彪之大幸。天彪有今天之大成，此其二也。

成年后，天彪又有机会与当代武林泰斗蔡龙云先生、康戈武教授、曾乃梁名师等武坛大名家切磋琢磨，探讨太极的深层理论，寻求太极的渊源，这又使天彪不但技艺更进，而且理论造诣达到不凡的境界。深谙太极拳不仅是武术技法，而且是阴阳相依的哲理，是为人处世立身的法则。此乃成就天彪武业之三也。

天彪年幼失怙，家境贫寒，为人善良厚道。立志习武，始为强身，术成之后，以普及利人为目标，设坛授徒，改编旧套，使之好学易用，表现了仁心济世之志。太极名家李德印教授如是说：蔡天彪老师"继承发展，德艺双修"。的确，天彪已不是一个单纯的出色的武术名家，而是一个武艺精、理论深、武德高的新时代武术界楷模。

在写这篇文章的过程中，我在天彪2015年出版的《杨氏老架九十八式太极拳（田谱）释解》一书中，看到陈志远先生毛笔书写的"太极十三势"手抄真迹，书法水平令人惊叹。陈仁镐先生的书法我看过不少，水平很高，这次看到陈志远先生的书法居然也有如此造诣，令当今书坛同仁汗颜，也令我对陈志远先生多了一分敬意！

这件事引起了我的思考，书法与武术之间的关系，觉得二者之间真有深刻的联系：书能健体，武以强身；书以育德，武尚弘道；书以弘扬传统文化，武以传承民族智慧；书涵辩证哲学，武寓阴阳五行；书可称书道，武亦可称拳道。我和天彪60年不相见，原来各自在走同一条路，虽然形式不同。这不是巧合，这是缘，难得的缘！现在天彪是宁波市武术协会名誉主席，我是宁波市书协名誉主席。我俩都属老年，有着50多年的党龄，在有生之年，当在文武二道上挽手同行，为国为民作出贡献，与天彪兄弟共勉。

欣闻天彪新作《杨式田架太极拳新编八十一式》即将出版，邀我作序，非常高兴。新作不论在对杨式田兆麟拳架的技法剖释上，还是对太极拳精髓理念的阐发上都比过去更上一层楼。

谨以此拙文对天彪新作出版表示衷心的祝贺！

陈启元

2020年9月于怀椿庐

注：此序作者现为中国教育学会书法教育专业委员会常务理事，浙江省书法教育研究会副理事长，宁波市书法教育研究会理事长，宁波市书法家协会名誉主席。曾荣获中国教育学会最高荣誉"全国书法教育突出贡献奖"。2012年，被授予浙江省书协成立30周年最高荣誉奖。

序四
杨式田架太极拳新编八十一式简介

拳虽小，然能藏器天地，由着熟而渐悟懂劲，由懂劲而阶及神明，体悟太极就是参悟天地万物之道。杨式太极拳始创于杨露禅，"杨门四轩"之一田兆麟（字绍先）于1912年代表杨府在南京首次全国南北武术擂台赛上技挫群雄夺冠折桂后，声名鹊起，后在南京国术馆、浙江国术馆等地，广授拳艺，成为一代名师。1925年，杭州安理寺住持陈志远（法名则宏）得遇田兆麟，两人一见甚为投契，遂以"合堂称兄弟、习拳为师徒"相处，由田倾囊传授太极神技，自此陈志远拳术精湛猛进，堪称浙东太极名家。20世纪50年代，陈志远先生长居甬地传授杨式田架98式，其门徒弟子丁象洪、娄文森、陈明星、吴光星等卓有影响。

蔡天彪先生是陈志远门下年龄最小的嫡传法嗣，总角之年循师入门，专致太极拳术，天赋优异，秉性笃厚，毅力卓绝，志愿宏大，非浅尝而自得，非胜之而我慢，终以印证无始无终阴阳归一之定慧虚灵妙境为习术至巅，从无懈怠，至今已风雨践行一甲子有余。蔡先生毕生为太极拳的潜心研究和推广普及作出了积极贡献，并以长年习研积累之造诣，在浙江省武术界享有盛誉。其承续陈师尊一生崇尚武德之遗风，深知太极拳是最能平易、最修身心、最启智慧之内家拳术。所谓却病延年，洵非虚语。教习无需广地阔场，无分男女老幼，一人可练，多人亦可，实乃终生可练尽善尽美之瑰宝，故为利益大众，竭力尚扬。

拳术既要根植于传统本源的精深博大，亦要顺应时代进展之需要。本书《杨式田架太极拳新编八十一式》正是蔡天彪先生积60多年的习武心得体会与实战交流经验，融会贯通、精心创编，应时而成。动作起沉开合，节奏紧凑，拳势上下相随，步法舒展大方、灵活多变，呈现了太极十三势中"八法五行"之经典，且技击性强。全套81式，历时约8分钟。增添了创新动作，诸如截掌仰拳、朝阳手、连环腿、上下翻花、双击掌、连环指、插步扬鞭等招式，乃细解演练田架精髓而成。暗藏田兆麟先辈的节、拿、抓、闭法，集拳架、推手、散手为一体，寓进击、修身、养心于一道，既承袭杨式之精要，又独具拳法拳理之特色，大之可以应付曲当，小之可以全身远害。

得道传道大行其道，练功成功不负此功。师训一天不敢忘，习武一日不得松，蔡先生不求名闻利养，唯愿拳耕不辍，穷尽毕生之力，攒珠成链弘扬国粹造福于民。皆知太极善养生、善怡志、善启慧，故在新编套路拳书撰成之际，略上浅言，实望能激励同好恒学深造。

丁天佑
2020年秋

注：此简介作者为宁波市武术协会监事长，曾任浙江省武术协会副主席、宁波市武术协会副主席、上海浦东发展银行宁波分行副行长、宁波市太极馆副馆长等职务。

前 言

  九十八式杨式太极拳传统老架（田谱）是田兆麟老师亲传于我先师陈志远先生的，因传统经典老架出自田兆麟老师，田老师得到了杨家二代太极宗师的真传，集三位宗师之大成，技术全面，武艺超群。当时，在南京全国擂台大赛上，田老师代表杨家参赛，战胜了众多选手成为擂主而名声鹊起。他的老架每招每式都充满了攻防含义，整套拳路又富含健身养生之哲理，练后内劲充沛，故能强身健体。我们几个师兄弟几十年练习下来深感受益良多。受师兄弟所托，终于在2015年完成书稿并出版了《杨式老架98式太极拳（田谱）释解》一书，以告慰先师和大师兄的在天之灵，并为田谱杨式太极拳留下书稿。该书规范释解了各个动作，使传统杨式田架太极拳得以发扬光大。该书的出版得到了武林泰斗蔡龙云先生的高度肯定："动静刚柔、法乎两仪"；太极大家李德印老师访问宁波市太极馆时欣然题词："继承发展，拳情匠心"；太极名家曾乃梁先生得知此书要出版挥毫祝贺："浑厚遒劲、道法自然"。

  九十八式传统老架内涵丰富、古风浓郁、技击功用独到。但是老架动作中重复较多，整个套路用时较长，一定程度上增加了传统套路推广普及的难度。因此我一直在思考，如何做到既能传承经典，领悟太极之精髓，又能让更多的人体悟到太极的快乐，由此想到了新编，想到了删减重复动作以节约时间，想到了增加发劲动作以增强丹田气和筋骨皮的结合。在传统经典基础上进行严谨的创新，以更好地传播、传承与发展。《杨式田架新编八十一式太极拳》就是在这样的思考之下慢慢孕育出来的。

  思维指挥行动，2016年起开始谋篇布局，经过6年多的实践演练、反复修正，博采众长，到最后文字的精磨细研至今终于定稿。本书《杨式田架太极拳新编八十一式》是在杨式老架98式太极拳的基础上进行新编的，新编原则是既要根植于传统，又不被传统束缚，且还要符合传统拳理拳法的规律。在传统定步基础上又增加了动步，丰富了肩、背、肘、胯和掌、指、拳等身体各部位的用法，在原八法（掤捋挤按采挒肘靠）基础上增加了托、劈、截等手法，做到手法、身法丰富、步法灵活。整个套路保留了杨式田架太极拳37个传统经典动作，去掉多次重复动作，增加了44个创新动作，最终而成81式。相信太极爱好者习练新编81式至熟练后，能做到彼微动己先动的一触即发快速发劲，发后仍以意领先，以静待变，真正领悟到太极的真谛。练太极并不是说越慢越好，而是应按照阴阳相济的原则，快慢结合。慢为蓄，蓄劲如张弓；快为发，发劲如放箭，达到蓄而后发、快慢相宜才更显太极内家拳之本色，可以说太极是内家拳最高级的拳术。拳论云："动急则急应，动缓则缓随"，一味地慢练，练不出敏捷之身手，当对手"动急"时则做不到"急应"。

早在2004年我就开始创编六式和十八式简易太极拳，并于2008年正式出版了《新编简易太极拳》一书。该书得到了康戈武老师的肯定并欣然作序，认为简易太极拳是在继承的基础上顺随传统武术技术规律的发展。在宁波市乃至浙江省内得到广泛传播。这两个套路非常适合初学者习练，已经作为本土太极拳教材进入宁波的校园、部队、机关、企业、社区和乡镇，习练者数万人，真正做到了武林泰斗蔡云龙为《新编简易太极拳》所提"传统，新颖，易学，易练，易普及"的要求。还远传至日本、欧美等国家，深受海外习武者的喜爱，成为他们每天必练拳种。我现在的八十一式太极拳新编套路，考虑的是让有一定太极拳基础的人群有更多的选择，根据时间安排，既可习练传统九十八式经典老架，又可习练新编八十一式新架。我将新编八十一式套路定位为高级版的教材，以适应当今多元化社会快速发展的趋势。

光阴荏苒，回顾自己的人生，可以说把毕生精力都用在了研习传授推广太极上。耄耋之年，仍笔耕不辍、习武不断，一辈子做着自己钟爱的事情，不觉得苦与累，只觉得非常幸福。人生路上，能遇到德艺双馨的好老师好领导，志同道合的好兄弟，全力支持的好家属，孝顺的好子女、好弟子，何其幸啊！我于2008年被国家体育总局武术管理中心评为武术8段已有10余年，自感在高段位上更应为中华武术传统太极作出贡献，故不管年事已高，还是努力想把恩师的悉心传授、自己60余年的习武心得抛砖引玉，传授给后人，记录在本书中，尽己所能留给后浪们。

本书编写过程中得到了太极名家中国武术协会原常务副主席张山、上海体育学院博导邱丕相、北京人民大学教授李德印和上海混元太极传承人曹之麟等先生的精心指导；得到张明华、武晋宁、陈启元、丁天佑、邱德文、吴敏刚等先生百忙之中所作之墨宝；得到殷苏长、蔡晓君、钱晓炯对本书文字图片通篇校核，斟字酌句，使本书增色不少；得到弟子成建波、毕岳龙、王龄童、王君定、邱德勇、杨剑波、任红星、许利江、苏春及师兄之子陈朝晖等先生的大力支持，在编撰过程中得到弟子戴济春、石峰、裘焚铆、毛诗嘉、吴哲丞、钱曙等编撰组成员的辛勤付出，在此一并表示衷心感谢！

由于水平有限，本书难免有不足之处，还望各位专家和读者批评指正，愿大家一起为弘扬中华武术太极文化作贡献。

蔡天彪口述、蔡晓君整理
2023年5月于宁波市太极馆

目 录

一、《杨式田架新编八十一式太极拳》简介 ……………………（1）

二、杨式田架太极拳新编八十一式图解说明 ……………………（2）

三、杨式田架太极拳新编八十一式动作谱名 ……………………（3）

四、杨式田架太极拳新编八十一式动作图解 ……………………（5）

五、杨式田架太极拳新编八十一式线路图 ………………………（157）

附录 ……………………………………………………………………（160）

  陈志远太极拳十三势手抄真迹 ………………………………（160）

  学生习拳感悟 …………………………………………………（161）

  太极拳论 ………………………………………………………（163）

  十三势歌 ………………………………………………………（163）

  十三势行功心解 ………………………………………………（164）

  太极拳解 ………………………………………………………（165）

  太极拳说十要 …………………………………………………（165）

  十三势行功要解 ………………………………………………（167）

  太极拳论要解 …………………………………………………（167）

  十三势说略 ……………………………………………………（167）

  五字诀 …………………………………………………………（168）

  走架打手行功要言 ……………………………………………（169）

后记 ……………………………………………………………………（170）

一、《杨式田架新编八十一式太极拳》简介

《杨式田架新编八十一式太极拳》是在杨式老架98式太极拳的基础上进行新编的，新编拳根植于传统，又不为传统所束缚，并且按照传统拳理拳法的规律进行创新，以达到发扬光大杨式田架太极拳的目的。我从2016年开始编撰此套八十一式，每创编一个新动作，都会在我的高级研修班中进行传授，探求实效。实践出真知，经过近6年左右的精磨细研，博采众长，终于定稿。

本书是在《杨氏老架九十八式太极拳（田谱）》基础上取其精华，去其重复，保留了杨式田架太极拳37个传统动作，新增了44个创新动作，精编而成81式。整个套路不仅保留了经典的八法五步，更是增加了七肘五靠技击动作。同时还对传统动作进行补充及调整，如在原来定步掤捋挤按基础上又增加了动步掤捋挤按，达到步伐灵活的效果；新增了肩、背、肘、胯和掌、指、拳等身体各部位的用法，在原八法（掤捋挤按采挒肘靠）基础上增加了托、劈、截等手法，故能做到身法、手法丰富，达到周身皆太极。新编套路中既有慢式，如棉裹铁，以练出松沉劲，展绵里藏针之术；又有快式，以练出直横劲、抖弹劲，达屈中求直、以斜打正、蓄而后发之势。起沉开合，节奏分明，连绵不断。拳势上下相随，内外相合，前进后退，势势相连，步法灵活多变，动作舒展大方，且技击性强，体现了太极拳十三势中"八法、五步"的特点。整个套路编排既有古风，更具新意，没有重复动作，时间控制在8分钟左右，类似太极快拳。因用时不多，特别适合有基础的太极爱好者见缝插针进行习练，如时间宽裕亦可将此快拳进行慢练，效果亦佳。本书配有视频，由我本人演练，每一动作均有字幕及配音，方便大家练习。

我陆续出版的3本书各有侧重，初学者适合习练《新编简易太极拳》（2008年出版）一书中的六式和十八式太极拳。而有一定太极拳基础的拳友，时间充裕时可习练我的《杨氏老架九十八式太极拳（田谱）》（2015年出版）传统套路，用时20几分钟；时间有限时亦可习练本书《杨式田架新编八十一式太极拳》这个新编套路，老架更益于养气，新架更适合练劲，希望大家习练后均有所收获。

二、杨式田架太极拳新编八十一式图解说明

1. 本杨式田谱套路有图照327个动作，由编者按顺序演练拍摄而成。此拳架保持着古朴传统的经典动作和技击风貌，同时又增加了新的创新动作，被称为杨式田架太极拳新编八十一式。

2. 为方便读者查对拳架的动作方向，把拳照方位定为：面对读者为南，背对读者为北，面向读者右面为东，面向读者左面为西。（图1）

3. 图中的虚实线箭头方向，均表示演练者的手或脚的动作运转趋向，图照中的箭头，均表示本图照过渡到下一个图照的动作趋向。

4. 图中的左手、左脚的运动路线以虚线表示，图中的右手、右脚的运动路线以实线表示（图2）。凡动作较简单、用文字可说明的不再在图照中以线路和箭头来表示，读者看文字和后一图并对照图照后即可明了。

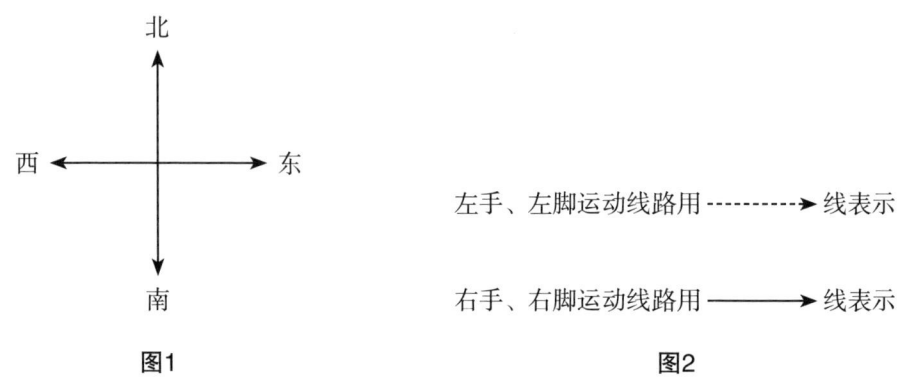

图1　　　　　　　　　　图2

三、杨式田架太极拳新编八十一式动作谱名

第一节（11式）			
1	预备势	20	蟾通背
2	太极出势（起沉开合）	21	转身撇身捶
3	左右横捌手（定步）	22	跟步冲打
4	左右揽雀尾	23	左龙行掌
5	掤捋挤按（定步）	24	右龙行掌
6	撩打进步按	25	左右云手（3个）
7	左右搂膝擒打	26	撤步右分脚
8	手挥琵琶	27	转身左蹬脚
9	分掌蹬脚	28	野马分鬃（3个）
10	双托掌前按	29	撤步横掌
11	十字手	30	搂膝栽捶
第二节（31式）		31	左右耳后掌
12	抱虎归山	32	白蛇双吐信
13	上步右穿掌	33	右蹬脚
14	护头蓄胯	34	左打虎势
15	右肘迎面掌	35	右打虎势
16	肘底捶	36	双风灌耳
17	倒撵猴（3个）	37	斜飞势
18	白鹤展翅	38	左右金鸡独立
19	海底针	39	活步玉女穿梭（4角）

续表

40	右转身撤步大捋（右採左挒）	61	朝阳手
41	左转身撤步大捋（左採右挒）	62	连环腿
42	十字手	63	双截掌
第三节（39式）		64	上翻花
43	掤（动步）	65	下翻花
44	捋（动步）	66	双击掌
45	挤（动步）	67	连环指
46	按（动步）	68	插步扬鞭
47	採（双採）	69	转身单鞭
48	挒（双挒）	70	斜身下势
49	肘	71	上步七星
50	靠	72	退步跨虎
51	劈（双劈）	73	转身摆莲
52	大鹏双展翅	74	双劈掌挽弓
53	护心出掌	75	退步射虎
54	高探马	76	进步打虎
55	退步独立托掌	77	独立冲肘
56	上步虚步托掌	78	进步搬拦捶
57	转身弓步托掌	79	如封似闭
58	十字蹬腿	80	十字手
59	上步指裆捶	81	太极收势
60	截掌仰拳		

四、杨式田架太极拳新编八十一式动作图解

1.预备势

动作演练

动作一：立正势。面向南，两脚并步直立，要求在虚领顶劲、气沉丹田、尾闾中正、含胸拔背的前提下放松全身；做到立身中正安舒，两臂自然下垂，掌心向内，中指对大腿侧面中心线，舌微抵上腭；眼向前平视成立正势。（图1）

动作二：开立步。左脚脚跟、脚尖依次缓缓提起向左开步，吸气；两脚间距与肩同宽，左脚尖轻轻落地，直至全脚掌落地踏实，吐气；两脚尖均平行向前，重心落于两脚之间；眼向前平视成开立步。（图2）

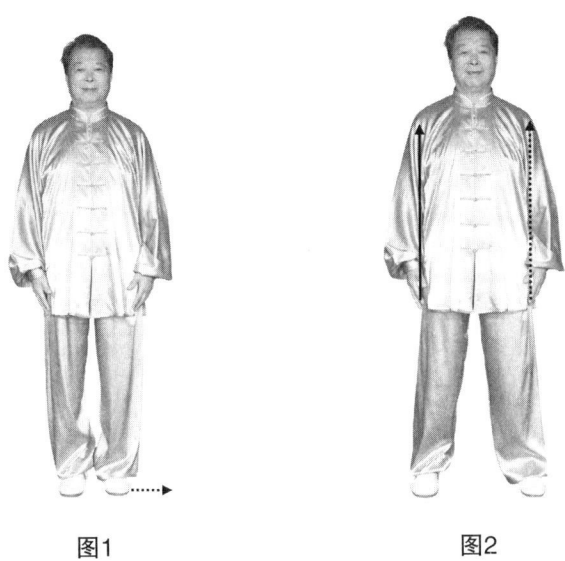

图1　　　　　　　　图2

技术要领

从立正势到开立步，左脚跟提起时开始吸气，至左脚尖落地开始时慢慢呼

气，呼吸要随动作密切结合，即左脚跟提起为吸气，左脚尖落地为呼气，称为"提吸呼落"，达到动作与呼吸的协调配合。在练拳之前做预备势时，就要把呼吸调节好，在练拳运气中呼吸吐纳十分重要。

太极拳预备势或起势亦是所有太极拳、械套路之首。在预备势中必须理解和掌握太极拳的基本要领与特点，即身体保持松静，内固精神，外示安逸；头部提顶，面容保持安宁，下颌微微内收，虚领顶劲；身型做到含胸拔背、松肩垂肘、气沉丹田、中正安舒，使百会穴与会阴穴保持上下一条线，做到尾闾中正神贯顶，目光平视望向前。这些要领要求一一做到位。

2.太极出势（起沉开合）

动作演练

动作一：起。两臂缓缓向前平举至与肩同高，两掌距与肩同宽，掌心均向下，起势吸气；眼向前平视。（图3）

动作二：沉。两肘下沉，自然地带动两掌慢慢下按至腹前，两臂自然弯曲，手指仍向前，掌心仍向下；同时，两腿屈膝下蹲成马步，此时呼气，随着两手下按做到气沉丹田；眼向前平视。（图4、图4附图）

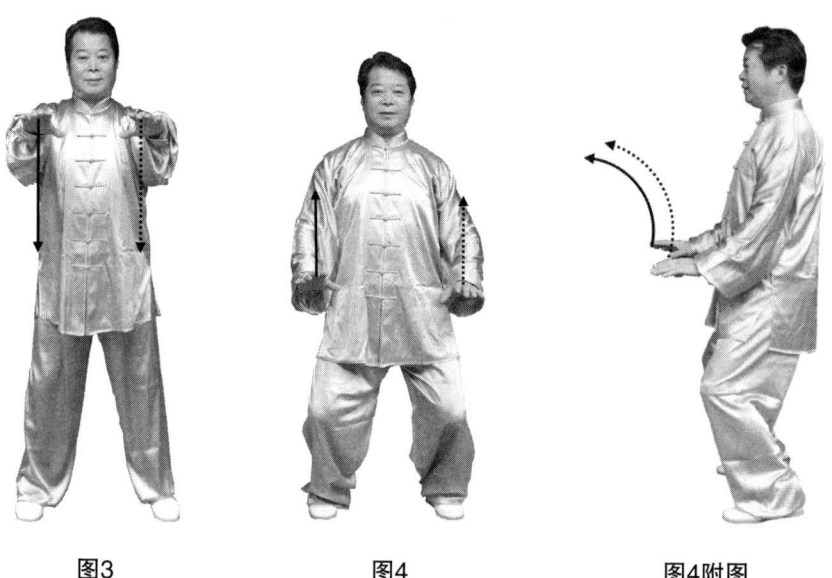

图3　　　　　　图4　　　　　　图4附图

动作三：开。两掌随两臂屈肘后收，在腹前内收并弧形向上提到胸前，屈臂沉肘，手背与肩相对（吸气）；两掌慢慢向前推出（吐气），腕与肩同高，两肘下沉，两臂微屈，两掌与肩同高同宽，掌心向前；双目远视，眼神关顾两掌。（图5、图5附图）

动作四：合。马步开掌后为吐气，然后两肘自然微下沉，两掌慢慢外旋，使两掌心相合与肩同高同宽，同时吸气；目光内收。（图6）

图5　　　　　　　图5附图　　　　　　　图6

技术要领

太极出势不同于其他杨式太极拳的预备势或起势，它既包含着起、沉、开、合练气健身的养生方法，还具有一定的技击作用；它不仅具有内外结合的吐纳练习，而且具有上下相合的内功修炼方法。

首先，在举双臂之前，应调整身体各个部位合乎太极要领，待合乎后，两臂做前平举时要放松，做到手向前慢慢提起；同时，两肩慢慢向下松沉，即为"手往上举、肩往下沉"，用意念贯注两臂上举，并配合深呼吸。双臂上举时吸气（气贴背），动作与吸气配合协调；手上举时要沉肩垂肘，松肩沉气，使意到脚心与两臂向前上举达到上下相互对拉。

两膝下蹲和两掌下按时，应做到松肩沉肘、坐腕并缓缓地吐气，两臂放松，掌心向下，此时应以心行气，务令沉着，（以心念）做到两脚心、两掌心与地相平，即五心相应与地相接、虚领顶劲与天相接，有顶天立地之感。然后两掌由腹提到胸前时吸气，两掌前推时呼气，同时做到"胸虚腹实顶头悬"。马步要开胯圆裆；两掌前推，命门后撑，前后对拉，做到"有前必有后"。

马步推掌后，双肘微微下沉仍须保持曲蓄有余，同时开始吸气使两掌心外旋，两手掌心相对，达到气沉丹田、意至脚心，尾闾内收，身体立身中正，上下一线。此式太极出势"起、沉、开、合"四个动作须与呼吸紧密地结合。

以上预备势和太极出势中所述的身法与虚领顶劲、含胸拔背、沉肩垂肘等太极要点是整套拳路动作的共同要点，也是太极拳一切动作的基础，必须切记，每招每式都要结合呼吸，希望大家在习练中仔细体悟掌握，在后文中不再重复提示。

技击用法

①开立步时，两眼平视以静待动，如对方用双掌封我前臂，我双臂向前上平举（起）接对方来劲，并用掤劲把对方击出（起势）。

②坐腕下按（沉）时，如对方乘我中部空虚用双拳击我腹部，我即屈膝下蹲成马步，同时双掌下按略内收把对方引进，使其落空，破解对方的进击（沉劲）。

③将对方来劲截击落空后，我屈肘竖掌于胸（或肩）前蓄气，随即用双按劲向前把对方击出，并配合吐气，即为拳论《打手歌》所述"引进落空合即出"（开劲）。

④用按劲将对方发出后，我即松肩沉肘、两掌微微外旋合掌，同时配合含胸吸气，掌心相对蓄势内合，待下一势的变化，由于两掌随吸气外旋，两肘微微内收，使下一势横捯手更加有力度，体现腰力带动两手横捯更加合理（合劲）。这是田架太极拳出势"起、沉、开、合"呼吸与养生、拳架和技击运用的高度结合。

3.左右横捯手（定步）

动作演练

（1）左下採横捯

身体向左转45°；同时，左掌经胸前弧形下採至腹前，掌心向上，右臂向左横捯（吐气），掌心向左；目视右手并顾及左手，向前平视。（图7）

（2）右下採横挒

腰向右转45°；同时，左手弧形上举托至左肩前，左臂内旋向右横挒，手指与鼻同高，掌心向右（吸气）；右手经胸前向左下採至腹前，掌心向上；眼向前平视，眼神顾及左手（吐气）。（图8）

图7　　　　　　　　　图8

技术要领

田谱太极拳一出势就以左右下採横挒手作为攻防动作，这在传统杨式众多套路中很少见，出手见红，用下採横挒手法向左右旋转开弓出击，可见田谱太极拳攻防技击性之强。

①左横挒手。当左手下採时掌心朝下，右掌横挒出击时以腰带动，左掌心外旋朝上，力由腰发，将对手发出。左横挒下採时，腰向左转，收左胯，出右胯，此为运用腰胯劲发力的诀窍。

②右横挒手。当右手下採时掌心朝下，左掌横挒击出时，右掌心外旋朝上，横劲亦由腰发出，眼神随左右採挒运转。右横挒下採时，腰向右转，收右胯，出左胯，腰胯发力，以腰带动两手在胸前左右各划一圈。此动作也可左右连续循环作为单式练习，是加强向心力的有效练功方法。

③左右转动发横劲时要立身中正，含胸拔背，气沉丹田，尾闾中正，开胯圆裆；上挒和下採弧形运转，两臂保持舒松、掤劲不丢；两脚重心分为四六开，即左横挒手时，右脚为六、左脚为四，右横挒手反之。

④横挒手旋转以腰背为主体带动两手向左右旋转，其运动路线是从上到下、由外向内的圆圈，可连续多圈单练。一般通过腰脊内旋，即为公转，横挒手法旋腕转臂，即为自转，手随腰而转动，达到公转、自转相结合产生合力，以增强横挒手法的劲力，从而产生很好的技击效果。

技击用法

左下採横挒手用法。若对方用左手（或拳）攻我胸部，我即左转腰，用左手抓握对方左腕下採，右掌封住对方左肘，腰向左发暗劲，使对方失去重心而失势，随即下採左手松开，掌心向上，把对方击出。

右下採横挒手用法。与左横挒手用法一样，唯方向相反。这是田谱拳法运用中继太极出势后特有的化中有击、採挒并用的一种手法。

4. 左右揽雀尾

动作演练

（1）左单掤势

动作一：右脚尖外摆45°，腰微右转，重心全部移到右脚，右腿屈膝下蹲，左脚离地提至右脚踝旁，脚尖自然下垂；同时，右手向后、向上、臂内旋划圈屈肘至右胸前，右肘略低于腕，掌心向下；左手向前、向下臂外旋划弧至腹前，掌心向上，两掌心相对成抱球状；眼先视左手后视右手，再向前平视（南），关顾右手，此时吸气。（图9）

动作二：左脚向左前上一步，脚跟着地，腰微左转，重心前移至左脚踏实，脚尖向南，弓左腿，蹬右腿，成左弓步；同时，左臂内旋，左手向前、向上至胸前掤出，掌心向内，与右胸相对，与肩同高，肘略低于腕，右手经胸向下划弧下採至右胯旁，坐腕，手指向前，掌心向下；眼视前方（南），关及左手，此时吐气。（图10、图11）

四、杨式田架太极拳新编八十一式动作图解

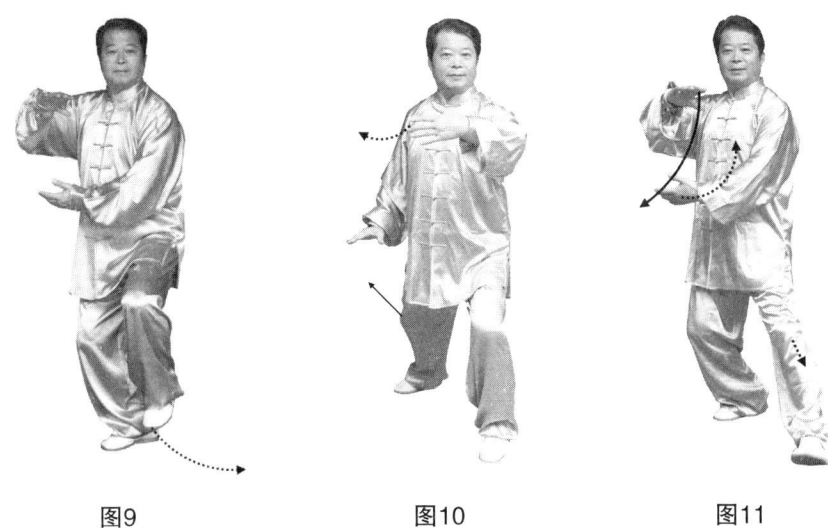

图9　　　　　　　图10　　　　　　　图11

（2）右单掤势

动作一：身体微向右转，左脚尖内扣45°，重心移向左腿，待重心全部移到左脚踏实时，右脚弧形收至左脚内侧，脚尖自然下垂；同时，左臂内旋屈于胸前，与肩同高，肘略低于腕，掌心向下，右臂外旋，右手向前、向左划弧至腹前，掌心向上，两掌心相对成抱球状；眼视右方（朝西），此时吸气。（图12）

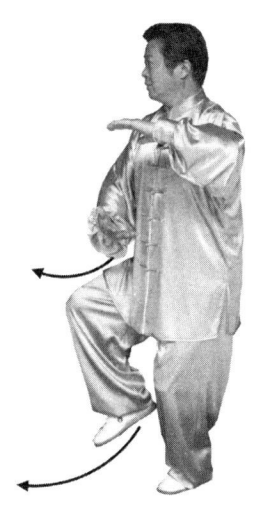

图12

11

动作二：右脚向右（西）迈出一步，脚跟先着地，重心移向右腿至全脚踏实，弓右腿，蹬左腿，成右弓步；同时，身体微右转，右臂随着转体内旋向前（西）掤出，右掌高与肩平，肘略低于腕，掌心向内，与左胸相对，左掌经胸向下划弧下採至与左胯平，掌心向下，手指向前；眼视前方（西），眼神顾及右手，此时吐气。（图13、图14）

图13　　　　　　　　　　　图14

技术要领

左右单掤势是田谱太极拳揽雀尾的两个主要架式，这和其他杨式套路用揽雀尾单势名称就包含了掤、捋、挤、按不同。因田谱杨式老架由陈式老架演变而来，故拳谱中"揽雀尾"源自陈式的"懒扎衣"，拳谱中的"掤、捋、挤、按"源自陈式的"六封四闭"。把揽雀尾和掤、捋、挤、按分开命名只出现在田谱中，因它接近于原始母拳——陈式老架，所以传统的杨式田架亦称杨式老架。

①两个掤势动作均要以腰为主宰，以腰为轴带动身、眼、手、脚协同运动，立身中正，速度均匀柔缓。动作定点时须"似停非停"，左右掤势与肩平，单手圆撑，舒松，用意不用力，达到劲以曲蓄有余，即拳论所述的"一动无有不动，一静无有不静"。

②举手、迈步须轻灵，左弓步时，弓腿为实，后蹬腿为虚，但重心不能全部

落在前弓腿上，后蹬腿也不能虚着不用一点力，须以三七开，即前七后三。定势时鼻尖对准前方，眼神和膝尖、脚尖同时随鼻尖转向前方。

③弓步时膝尖与脚尖上下相对，膝尖不能超出脚尖。在左右弓步掤势转换时，重心要全部移到左脚，分清虚实，右腿才能轻灵地提起上步，做到"迈步如猫行"。弓步两脚须有一定的横向距离，不能超过本人一肩的宽度，更不能站在一条直线上。

④左揽雀尾，左臂前掤须与肩同高，左腕略向内微屈与右胸相对，臂呈半圆形，劲点达于前臂外侧并与掌背聚实。用左臂掤劲不仅能保护好自己的胸部以防被攻击，还可将对方掤出；右掌屈于胯旁成採势，手臂不能伸直，须弧形坐腕后拉，两臂形成逆向对拉。将前弓后蹬之力传递到左手腕背和掌指上，即太极拳论要求的其根在脚，发于腿，主宰于腰，形于手指，由脚而腿而腰总须完整一气，在行功练拳松静的基础上以意贯注，做到动静结合。

⑤重心前移或后退，手、眼、身、步必须上下相随，身体不能前俯后仰、左歪右斜，须立身中正，不偏不倚，做到"运劲如抽丝"，绵绵不断。

⑥右揽雀尾要点相同，唯左右方向相反。

技击用法

①以左单掤势为例，对方用拳或掌向我胸部进击；我将先以左前臂外旋下压粘其来手，引进落空，以化其来劲，同时，我出右手用虎口，向前横击对方胸肋部，形成抱球势，以静待动。

②对方被我抱球势下引上击速向后抽逃，我随即上左弓步，速用左手向前向上前掤，运劲于左前臂，用掤劲将对方拦住或掤出。左右单掤势用法相同，唯左右方向不同。

5.掤捋挤按（定步）

（1）掤势

动作演练

动作一：双掤。腰微右转；同时，右臂掤劲随转体加强，左掌经腹至胸向前推掌掤出，掌心向前，指尖向上，形成两掌向前双掤；眼向前平视（西），眼神

顾及右臂和左掌。（图15、图15附图）

图15　　　　　　　　　　图15附图

动作二：连环掤。腰向右微转；同时，左手前伸，掌心斜向前，与胸同高，右手内收，沿左前臂绕一小圈弧形向下、向前再次掤出，左手弧形后收于胸前，屈臂沉肘，掌心向前；眼向前平视，眼神关注两手双掤。（图16、图17）

图16　　　　　　　　　　图17

技术要领

①双掤时，右臂掤出须与肩平，掤势前臂在先，左掤手按掌在后护住心胸，以防对方屈肘攻心，连环双掤时，双手协调交叉向前掤出发劲。

②在右臂护胸、左掌护心前掤时，上要虚领顶劲，中要含胸拔背，气沉丹田，命门后拉，下要尾闾中正，会阴上翻，托起丹田。

③定势时，要立身中正，注意胸朝正方（西略偏南），使手的前掤与后腿脚跟的后蹬形成一个对撑劲，做到由脚到腿、到腰，由腰贯背，再以背运至肩、手、掌、指，节节贯串，周身一家，完整一气。

无论双掤还是连环掤，都要有太极内劲，运用绵里藏针之技法，以静制动，封住对方。

当左手伸手前引、右手内收蓄劲，两掌套环，采用连续虚实的手法变换时，要以右掌背向前发劲，左掌在胸前坐腕助力，在掤劲不丢的基础上做到虚中有实、实中有虚。可谓连环手法变化无穷，此动作也是陈志远老师在实战中常用的太极连环掌法，使人防不胜防。

技击用法

①双掤势，如对方右臂接住我掤劲受阻后即向后一松，并速屈臂用右肘尖进击我胸时，我即用左掌心接对方肘尖，两手双掤接住对方来劲，立身中正，含胸拔背，命门穴后撑，劲贯双手把对方掤出。

②连环掤，当对方用右肘进击我胸被我用左掌封住后，对方向后抽逃时，我伸左手佯攻，进逼对方，同时右手内收向里蓄劲，通过一个圆圈再向对方连环发出掤劲。此法也称掤中掤，在实战中可灵活运用，因敌而变，易守易攻，还可二次发劲。

（2）捋势

动作演练

动作一：弓步不变，腰向右微转；同时，右手前臂继续向前掤出，右掌由里向外翻转带动掌指前伸，并内旋沉肘成俯掌，左臂随转腰外旋使掌心渐向上靠近右肘内侧；眼向前平视，眼神关顾右掌。（图18）

动作二：重心后移，身体微向左转，屈左腿，坐实；右腿微屈成右虚步；同时，两臂稍沉随转体向左后捋，右掌至右胸前，掌心向外，左掌至左胸前下，掌心向内。（图19、图20）

图18　　　　　　　　图19　　　　　　　　图20

技术要领

①以腰带动双手左捋，后坐转腰三者同时进行，眼神先关顾右上臂左捋，将要捋尽时再顾及左掌。

②双手左捋时，腰慢慢地向左转，重心在左腿，右腿为右虚步（胸朝西南），两腿虚实分明。两掌左捋不可离身太开，以免下捋力量不足；两肘不可贴身，两腋与身体不能贴住，必须有一拳左右的空间，有如腋下能放一鸡蛋，使双臂灵活左捋。

在左捋过程中，两掌间距不能过大或过小，一般以左手搭其手腕，右手掌心在右肘关节内侧，两手掌距为30~40厘米。两掌划弧翻掌，右掌有坐腕沉肘下按之意，左臂沉肘，掌心微微上托，两掌上下合力（无须用力抓握）。

技击用法

实战中要合理运用捋劲两掌合力这种技巧，即转腰后坐用腰腿之劲和两手左捋巧妙配合，两手粘住对方，增强捋劲在掌中的力度，使对方无法逃脱，无可奈何被捋去。

如对方双手按我右掤手，我用左手前伸接对方左手腕，右手接其左肘关节外侧，封住对方前臂，随即边转腰边后坐，用腰腿之力顺其来势，两手向左后捋化解对方来劲。又如对方猛力攻击，我顺其来劲向左转体，引进落空借力破解，可谓四两拨千斤，此招式即太极拳小力胜大力之例。

（3）挤势

动作演练

动作一：重心仍在左腿，身体右转；同时，右臂外旋由外向内划一个小圆弧，屈臂掤于胸前，掌心向内，与肩同高，左掌随转腰内旋向右前上方划弧，掌心向外自然轻搭于右手腕上，两掌根相合，含胸沉气收臀；眼神先随右手左捋，捋到近胸时关及左掌至两掌交叉相合处。（图21）

动作二：重心慢慢前移至右腿，弓右膝，蹬左腿，成右弓步；同时，两臂相合即向前挤出（吐气），胸朝西略偏南，眼神视两掌交叉向前转移平视。（图22）

图21　　　　　　　　图22

技术要领

①两手划小圈相搭成挤势时，必须以腰脊为轴向右转正（朝西），注意两胯转换，腰右转收右胯、出左胯，做到肩与胯相对，重心仍在左腿。

②两臂前挤圆撑，上体正直，与松腰、弓腿上下相随，须求眼到、手到，腿亦到；肩部不可耸起，须放松自然下沉，两肘不可抬起，须略低于两腕，要松肩沉肘、气沉丹田。

③两臂相交为合，胸与双臂之间有内开外撑的预动之势，要有合中有开、外掤内松的虚灵之感。

④当右前臂外掤、左掌轻搭右腕时，要有掤劲加按劲，两臂相交形成一种钳形的合力，其力点在右手腕背外侧；在挤出时除虚领顶劲、两臂合力外，还须拔

17

背，两掌前挤与脊柱命门后撑对拉，使挤劲发力不仅为两臂之劲，而是全身之合力。双手相合前挤与左脚跟后蹬成对拉状态，手足相合，两手相搭成右虚步时吸气，右弓腿前挤时吐气，做到上下相随，内外相合，以达到引进落空合击出。

技击用法

接前势，当对方之力被我捋化落空，欲要收回并抽逃；我即顺其回收之力，用蹬地转腰和右臂外旋、左臂内旋，两掌合力以顺势推舟之巧劲对准对方上体或胸胁部将其击出或击倒。

（4）按势（双按）

动作演练

动作一：弓步不变，腰略右转，胸朝正西；同时，右臂内旋，左掌心经右手腕背交叉而过，两掌心左右分开，与肩同高同宽，肘微下沉，掌心向下，手指向前；眼平视。（图23）

动作二：重心后移，左腿屈膝，蹬右腿，成右虚步；同时，两臂屈肘下沉，带动两掌略上弧形收到肩前，掌心斜相对，再经胸前下按，掌心斜向下；眼神内视并关及两掌后收，此时吸气，为合。（图24）

动作三：两掌由胸前弧形向前上按出，高与肩平，掌心向前；同时，重心前移，弓右腿，蹬左腿，成右弓步；眼向前（西）平视，眼神关及两掌，此时吐气，为发。（图25）

图23　　　　　　　　图24　　　　　　　　图25

动作四：重心后移，左腿屈膝，蹬右腿，成右虚步；同时，两掌由胸前下按

并弧形回收至腹前，掌心向下；眼向前平视，眼神关及两掌下按，此时吸气。（图26）

动作五：重心前移，右腿屈膝，蹬左腿，成右弓步；同时，两掌弧形由腹经胸向前按出，高与肩平，掌心向前；眼向按掌方向平视，眼神关顾两掌前按，此时吐气。（图27、图28）

图26　　　　　　　图27　　　　　　　图28

技术要领

①重心后移，右胯微内收，上体略右转，使身体朝正前方（西），此时要虚领顶劲，立身中正，松肩沉肘，含胸拔背，气沉丹田。

②后坐时眼神内敛，两掌由肩经胸腹向下沉肘，按掌要兼有护胁作用，有沉气收尾之内意；两掌向前推按时上体正直，松腰、松胯，做到肩胯上下相对，气沉丹田，要松肩沉肘坐腕，掌根下沉，拇指微向后翘起，掌心随呼气由意念引导微向外凸，前攻为实为呼，做到意到、气到、劲到。

③后坐收回时须弓后腿，前腿自然伸直；手与足上下相随相合，后坐为虚为吸，前按为实为呼，呼吸深长并与动作紧密配合，即拳论十三势行功心解中要求的"气宜直养而无害"。按势一呼一吸动作长度大，可采用逆呼吸，须求呼吸深长、慢匀，这样呼吸与动作紧密结合被称为拳势呼吸，经常练习拳势呼吸，无论对技击还是健身都十分有利。

注：以上太极劲的来源，就是按太极拳论所述的"其根在脚，发于

腿，主宰于腰，形于手指"，无论前进、后退均靠腿的变换来带动身体，做到进退自如。以腰脊为轴使身体能灵活转动，做到以心行气，以气运身，节节贯串，意到气到，无微不至，这是太极拳术运动的根基，在训练时要高度重视。

眼是心灵之苗，一招一式，眼须比手先到。练拳时做到"先在心，后在身"，我意欲何处须眼直视何处，以眼领先，一到俱到。

在立身中正的前提下，左右转动靠腰脊的力量来完成，这样就能做到势正架圆，就是靠以腰为主宰，以腰腿带动各个部位，如背、肩、臂、肘、腕直达掌根向前按出来完成攻防动作的转换。以上掤、捋、挤、按的技术要领和要求，均须练习者细心体悟，在以下的各个动作中不再重复叙述。

田架的按势有上下两次，与众不同，含养生与技击之法，独具特色，故谓双按。

技击用法

第一个按，对方双手按我胸部时，我用前臂上侧接其前臂下侧，边后坐边沉肘，用两臂上掤顺其来势向上弧形后捋，将对方前臂粘黏架起并后坐弧形双分后捋，使其重心上浮失重，化解其攻我胸部的上路来劲。当对方被我双捋引到胸前时，已将他双手分开，此时自身重心稳定，随即右弓步向前，两掌从下而上将对方按推而出。

第二个按，对方第一次向我上路进攻被化解后改用中路，即用双掌进攻我腹部时，我用两掌走下弧自上而下用粘黏的双捋下按之劲，封住对方双手，边后坐边引进，化解其向我中路来劲，使其落空，随即再一次向上向前按推而出。这是太极拳典型的引进落空、蓄而后发的攻防动作。

注：

①练拳时，要做到身、手、足、左右、上下、前后、来回均柔缓，以慢为主，速度均匀。

②演练时各个动作须虚实分清，这样动作才能轻灵自如。

③放松，用意不用力，做到精神贯注，内外结合。

④有些动作说明中的顺序虽有前有后，但文中说明是同时开始或同时完成，故在演练时应做到手、眼、身、法、步同时协调一致，达到一

动俱动、一静俱静的境界，体现出太极拳是以意带动的全身性运动的特点。

⑤进退靠腿。无论前进还是后退，臀部以上腹、胸、头须做到立身中正，上下相随。步法进退有转换，并严格按照《十三势歌》所要求的前提下去完成左右前后进退，做到"尾闾中正神贯顶"。

⑥转动靠腰。太极拳应以脊柱为轴，转动时以腰为主宰，凡举手投足须以腰左右旋转带动一切，才能够体现由腰脊转动出来的太极内劲。

⑦虚实宜分清。套路中的虚实，如弓步、虚步均有一定的比例，有三七开和二八开；侧弓步有三七开和四六开等。因此，虚并非虚成一点不着力，实并非为全部占煞，应做到虚中有实、实中有虚。以三七开为例，实腿有70%为实，其中有30%为虚灵之感；虚腿有30%为实，须有70%为虚灵之感。这样一只脚着地也有虚实，做到实为重心着力，虚为意念贯注变化灵活，体现太极分阴阳、处处分虚实，单腿单手也有虚实之分，达到周身皆太极。

⑧弓步定势时以膝尖不超出脚尖为宜，后脚虽为虚但仍须全掌着地。如虚步定势时（如白鹤展翅、高探马），后脚要全脚着地，前脚应以前脚尖或前脚掌着地；如退步跨虎，后脚全脚踏地，前腿以脚跟着地，虚实比例以三七开为宜。具体虚实的区分，应根据拳势的变化予以调整。

以上要点，本套路八十一式的一招一式都要求做到，达到熟能生巧、精益求精。

6.撩打进步按

（1）虚步左撩

动作演练

动作一：腰向左转，重心左移，右脚尖内扣、左脚尖外摆成左弓步；同时，右手外旋，掌心向上与肩同高，左手弧形向下、向左至胸前，掌心向下；眼向前平视。（图29）

动作二：向右转体，重心右移，左腿提起收至右脚旁，脚尖点地成左虚步；同时，右手内旋屈收于胸前，掌心向下与肩同高，左手外旋收于腹前，掌心向上，两掌心相对成抱球形；眼向前平视。（图30）

动作三：腰向左转，左脚上步，脚跟着地成左虚步；同时，左手自右向左前撩出，掌心向右前与鼻同高，右手变拳收于腰间，拳心向上；双目向前平视。（图31）

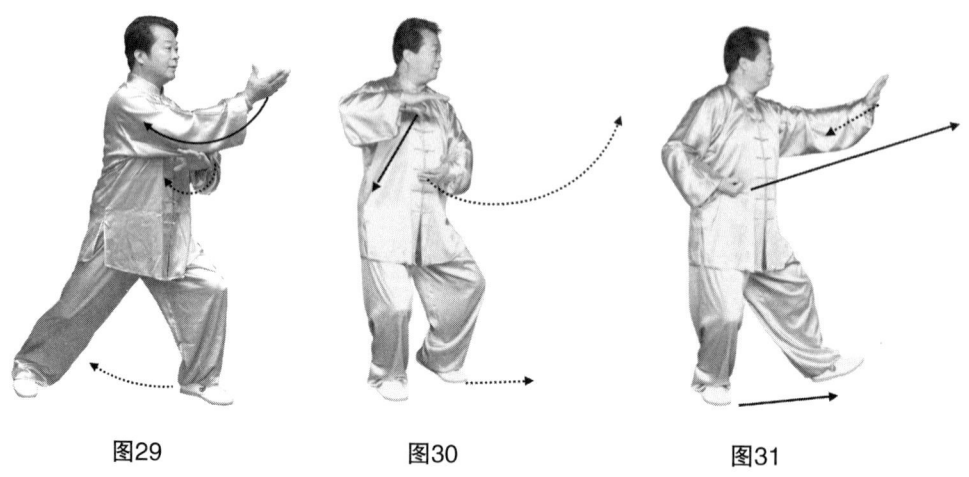

图29　　　　　　　图30　　　　　　　图31

技术要领

①抱球点脚应做到抱球与点脚上下相合，而且身势朝东，眼向前远视，须有蓄势待变之神态。

②左足上前成左虚步与左手向前撩出和右拳收腰间这三者动作，在腰带动下同时到位，蓄势以待。

技击用法

如敌用右拳向我胸部击来，我上左虚步的同时出左手用捌劲撩出化之。

（2）震脚打捶

动作演练

身体微左转，重心前移，右脚提起向前跟步落地震脚；同时，右手向前出拳，方向向东，拳心向左，左手置于右臂肘内侧，手指向上；眼向前平视，眼神关顾右拳。（图32）

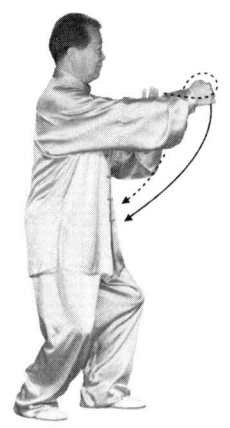

图32

技术要领

上右步提腿震脚为发势，做到拳到脚到拳面劲到；同时，做到上下相随，震脚也可沉气发声助力，做到内外相合。

技击用法

图30、图31、图32这几个动作是相辅相成的，图30为防守化解，图31为化解对方来拳，图32上步予以出拳还击。

（3）进步前按

动作演练

动作一：重心完全移到右脚，出左脚，脚跟着地，成左虚步；同时，右拳变掌，臂内旋，掌心向下，左掌心经右手背上方，两掌向两侧平分，与肩同宽同高，两手弧形后捋，屈肘下按至腹前；面向东，眼视前方。（图33）

动作二：重心前移，左腿屈膝前弓，右腿自然伸直，成左弓步；同时，两手由腹前弧形向前按出，高与肩平，掌心向前；眼向前平视。（图34）

动作三：双手不动，重心继续前移至左腿，右脚提起向前，落在左脚跟右后侧，脚掌点地，成右后虚步，身法不变。（图35）

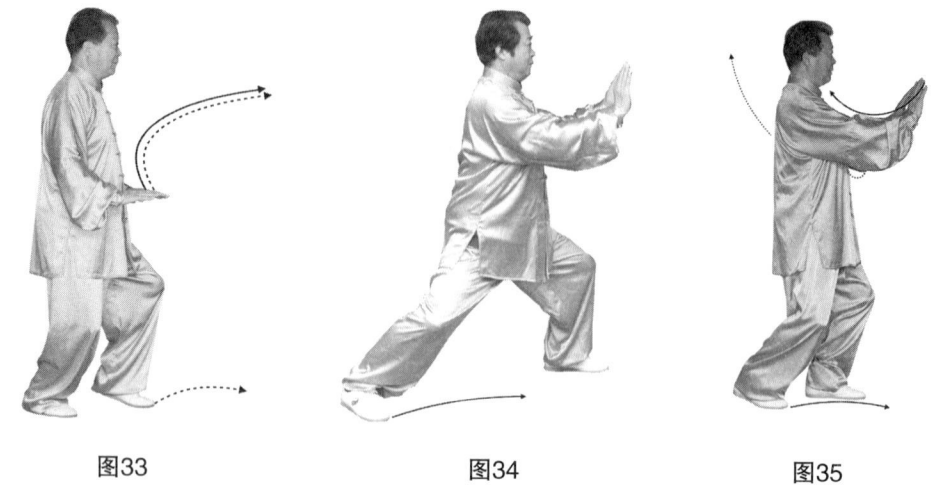

图33　　　　　　　图34　　　　　　　图35

技术要领

虚步蓄势，两手屈收下按时须带有内弧形，通过两手下落，两前臂要有向内双挒的暗劲，使对方重心被牵动。此时为吸气蓄劲，并上右脚做到弓步发劲，即上右步成右后虚步时，做到双手掤劲不丢，并以静待动。

技击用法

对方用双拳向我前胸打来，我双手按住对方两前臂蓄势后引。如对方向后抽逃时，我速上步用左弓步按势把对方击出，紧接着上右脚进步成右后虚步，做到蓄势待变。

7.左右搂膝擒打

（1）左搂膝擒打

动作演练

动作一：身体微左转，左脚尖外摆45°；同时，左掌经胸过腹弧形向左胯后撩击，再上提至耳后托掌，手心斜向上与头同高，右掌外旋自右经脸前收至左肩前，掌心向内；同时，右腿提起至左腿旁；眼先视左掌并关顾右掌，再向前平视。（图36）

动作二：右脚向前上一步，脚跟着地（两脚横向距为一肩宽）成右虚步；同时，左手屈臂沉肘，弧形收到左耳旁，掌心向前偏下，右手自肩经胸前落至腹前，掌心向下；眼向前平视，并关顾右手，胸朝东北。（图37）

动作三：身体微右转，重心前移，弓右腿，蹬左腿成右弓步；同时，右掌以半圆形搂过膝前至右胯旁，掌心向下，指尖向前（正东），左手从耳旁弧形向前推出，掌心朝东，腕与肩同高；眼神先关及右掌，搂过膝后，即关顾左掌前推，向前平视。（图38）

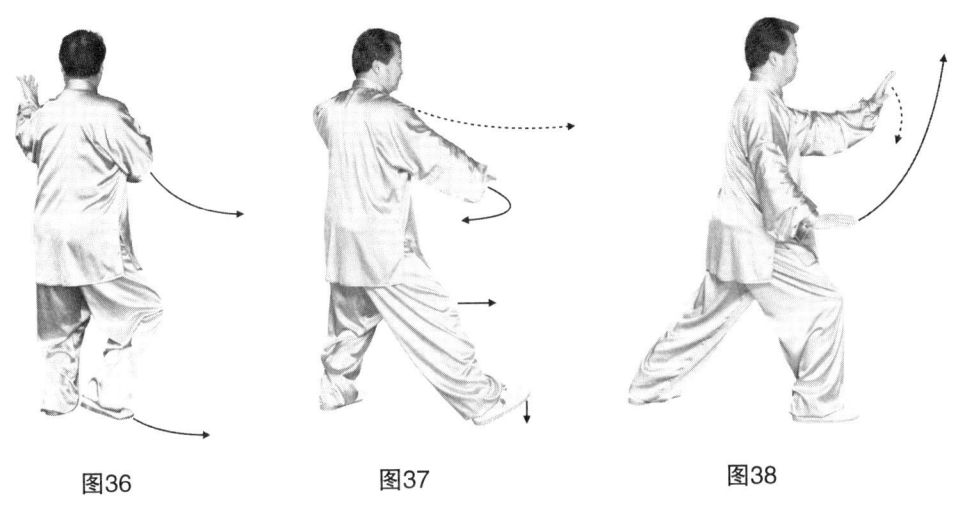

图36　　　　　　　　图37　　　　　　　　图38

动作四：腰稍右转，右手向前外旋上举，高与眼平，掌心斜向上，肘微屈，左臂向右后弧形回收至右肘内侧，掌心向下，眼视右掌。（图39）

动作五：身体左转，重心左移，后坐成右虚步；同时，左肩放松，左肘下沉，自然带动左掌弧形下落至左胯后侧握拳，拳心向下，右掌向左下划弧屈肘握拳，拳心向下与左胸同高。（图40）

动作六：身体右转，重心前移，右腿屈膝前弓，左腿后蹬成右弓步；同时，右拳不变，左拳内旋由下向上弧形提收至太阳穴并向前打出，拳眼斜向下，拳面朝前，与眉同高；眼视前方，眼神关顾左拳。（图41）

注：左拳从太阳穴向前打出，也可以用摆拳向前打出。拳心与鼻相对。

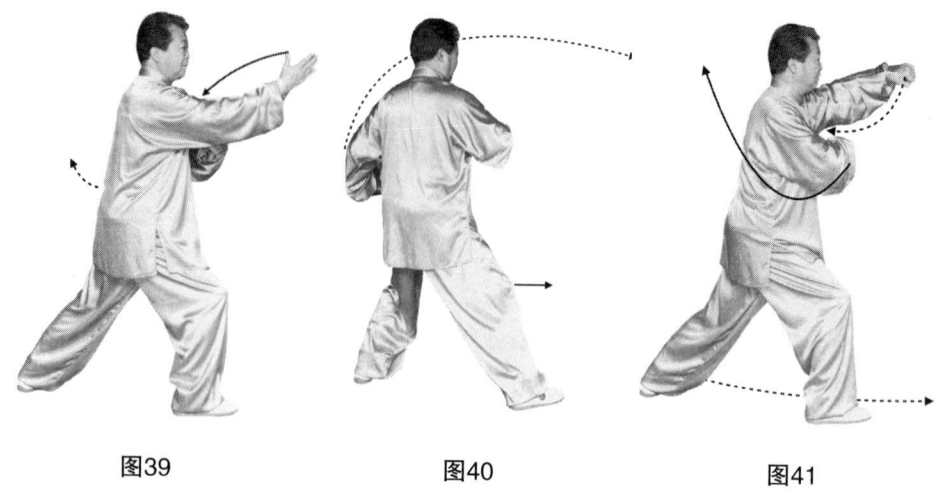

图39　　　　　　　图40　　　　　　　图41

（2）右搂膝擒打

动作演练

动作一：身体微右转，右脚尖外摆45°，右掌经胸过腹弧形向右胯后撩击，再上提至耳后托掌，手心斜向上与头同高，左拳变掌外旋经脸前回至右肩前，掌心向内；同时，左腿提起；眼先视右掌并关顾左掌，再向前平视。（图42）

动作二：左脚向前上一步，脚跟着地（两脚横向距为一肩宽）成左虚步；同时，右手屈臂沉肘弧形收到右耳旁，掌心向前偏下，左手自肩经胸下落至腹前，掌心向下；胸朝东南，眼向前平视并关顾左手。（图43）

动作三：身体微左转，重心前移，弓左腿，蹬右腿成左弓步；同时，左掌以半圆形搂过膝前至左胯旁，掌心向下，指尖向前（正东），右手从右耳旁弧形向前推出，掌心朝东，腕与肩同高；眼神先关及左掌，搂过膝后即关顾右掌前推，向前平视。（图44）

四、杨式田架太极拳新编八十一式动作图解

图42　　　　　　　　　图43　　　　　　　　　图44

动作四：腰稍左转，左手向前外旋上举，高与眼平，掌心斜向上，肘微屈，右臂向左后弧形回收至左肘内侧，掌心向下，眼视左掌。（图45）

动作五：身体右转，重心右移，后坐成左虚步；同时，右肩放松，右肘下沉，自然带动右掌至胯后侧握拳，拳心斜向下，左掌向右下划弧屈肘握拳，拳心向下与右胸同高。（图46）

动作六：身体左转，重心前移，左腿屈膝前弓，右腿后蹬成左弓步；同时，左拳不变，右拳内旋由下向上提收至太阳穴并向前、向左用摆拳打出，拳眼斜朝下，拳面朝左；眼视前方，眼神关顾右拳。（图47）

注：右拳从太阳穴向前打出，也可以用摆拳向前打出，拳心与鼻相对。

图45　　　　　　　　　图46　　　　　　　　　图47

27

技术要领

①上式"撩打进步按"转第七式"左右搂膝擒打"之前，重心后坐时一手擒拿下採，重心前移时另一手用摆拳向上横击。这两手应做到后坐须吸气蓄劲，重心前移挥拳时，须转腰吐气、发力。要做到上下一致、内外相合，不可只动手不动腰。

②在第七式"左右搂膝擒打"中，在原"搂膝拗步"之后均增加一擒一打，使传统的搂膝拗步护身和技击攻防作用更大。左右搂膝擒打技术要领相同。

技击用法

①接图36，对方用脚踢我膝部，我即一手向前下击其脚，做到护膝化解，另一手用掌击打其胸部。

②我出掌击打对方胸部被化解，对方用拳击我面部，我即出手握其手腕下採，速用另一手握拳用腰劲挥拳击其头部。左右搂膝擒打技术要领、技击用法相同，唯动作左右对称。

8.手挥琵琶

动作演练

重心全部移到右腿，提左脚稍向前，脚跟着地，脚尖微翘成左虚步；同时，左手从腹前外旋变掌弧形向左上至胸前，指尖与鼻相对，掌心朝右，右掌外旋弧形下落回收于胸前，置于左肘关节内侧，两掌心上下斜相对形成合劲，如抱琵琶状；目光关顾两掌向前平视（朝东）。（图49）

图48

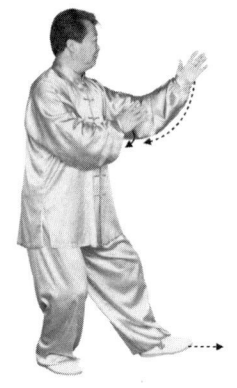
图49

四、杨式田架太极拳新编八十一式动作图解

技术要领

①上右脚时,重心前移和后坐时要在上体中正的前提下做到两腿虚实分清,步法轻灵,防止出现上体前俯后仰或左歪右斜的现象。

②两臂转动时,左手自下向上往胸前里合,右手自上向外、向内收至胸前,应做到两臂顺时针上下弧形相分,至胸前再弧形相合,左高右低,以腰带动两臂在胸前合劲,应做到松肩沉肘,两臂舒松,含胸提顶,立身中正,架正势圆,且合中寓开,神态自然。

③手挥琵琶以静待动,左脚收回在右脚左侧,两脚尖向前平行成开立步,应注意两脚距离与肩同宽。在做左虚步和两手合抱成琵琶势时,须做到手脚同时开始、同时结束,达到上下相合;定势相合时做到三尖相对,即鼻尖、手尖、脚尖相对。上则虚领顶劲,下则尾闾中正内收,气沉丹田,松腰开胯、圆裆,目光远视,以静待动之神态。这些技术要领,在本套路所有招式中都是相通的,要一一做到位。

技击用法

①对方若用右手向我胸前攻来,我双手相合,左手封其肘关节,右手封其腕关节,转腰用粘黏劲牵动其重心,使对方失去攻击能力将敌击出。

②对方用左手向我胸前攻击,我右手拦击其左手,左手上击其头部。谓右化左击。

③手挥琵琶势与对方较技时,作为一种以静待动的架式,左手上扬可管住上路,右手沉肘内合可管住中路,左脚跟虚步轻灵着地管住下路,即提膝可护裆、提腿可蹬之,又可起腿飞脚踢之,是蓄发待变、攻防两用之招式。

注:太极拳提手势和手挥琵琶这两式在武术双方较技时经常用到,两手放在胸前一长一短,手法可长变短、短变长,左右交替像八卦步,行步走圈时进退灵活,内含太极阴阳互变。

9.分掌蹬脚

动作演练

动作一:接图49。重心前移,腰向右转即左转,随即左脚跟向前稍滑步,弓

29

左腿，蹬右腿成左弓步；同时，双手后捋在胸前相合成挤势，左手在前，右手在后，向前挤出，两掌心朝下；眼向前平视，眼神关顾双手平挤。（图50）

动作二：重心后坐，左脚收回，两脚与肩同宽成开立步；同时，两手落至胯际，掌心向下，眼向前平视。（图51）

动作三：左脚上半步，脚尖外摆，重心前移踏实；同时，两手向前在胸前十字相合，左手在前，掌心朝右，右手在后，掌心朝左，双手与胸同高。（图52）

动作四：右腿屈膝向前蹬出（脚尖向右45°横蹬脚）；同时，两手向上经脸前向左右半圆形分开，并同时半圆形下落于腰旁，掌心向下，指尖朝前；眼向前平视。（图53、图54、图54正面）

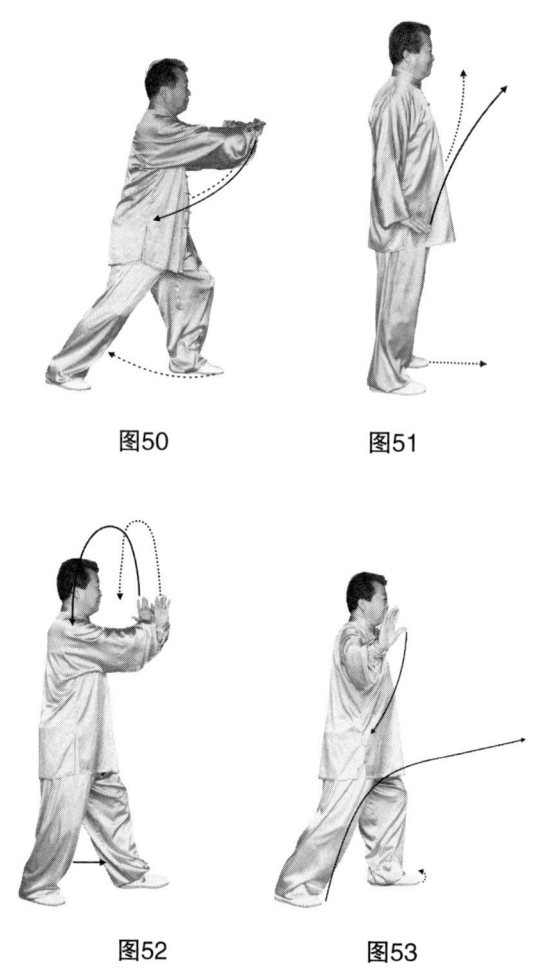

图50　　　　图51

图52　　　　图53

四、杨式田架太极拳新编八十一式动作图解

图54　　　　　　　　图54正面

技术要领

①手挥琵琶的左脚向前滑步成左弓步时，须与双手前挤同时到达，做到吐气、眼向前平视。

②左腿收回成开立步时，身体须立身中正、虚领顶劲、含胸拔背，两手慢慢回落在胯旁，并做到气沉丹田。此开立步须做到上则虚领顶劲，中则含胸拔背、收腹沉气，下则意到脚底，百会穴与涌泉穴上下相对，全身节节贯穿，是太极五行（进退顾盼定）的中定劲。

③两手向上成十字交叉手，双手托起向左右弧形双分，同时半圆形下落于腰旁时，应做到上步、提膝和蹬脚三者一致。蹬脚脚尖向外横45°称为横蹬脚。

技击用法

对方用双拳攻我头部太阳穴，我用双手十字交叉架起并向左右分掌化之。同时提腿屈膝向前蹬脚攻其腹部。

10.双托掌前按

动作演练

动作一：右腿屈膝，震脚落地踏实，左腿提起向前上一步，弓左腿，蹬右腿成左弓步；同时，两手外旋向前托掌击出，两掌心向上，指尖与鼻同高；眼向前平视（东）。（图55、图56）

31

动作二：重心后移，蹬左腿，屈右膝成左虚步；同时，两臂屈肘，略上弧形收至胸前，内旋翻掌，在胸前下按，掌心向下。（图57）

动作三：左腿前弓踏实，右脚提起跟进半步，脚尖点地成右后虚步；同时，双手向前按出，掌心向前，腕与肩同高；眼向前平视，眼神关顾两掌。（图58）

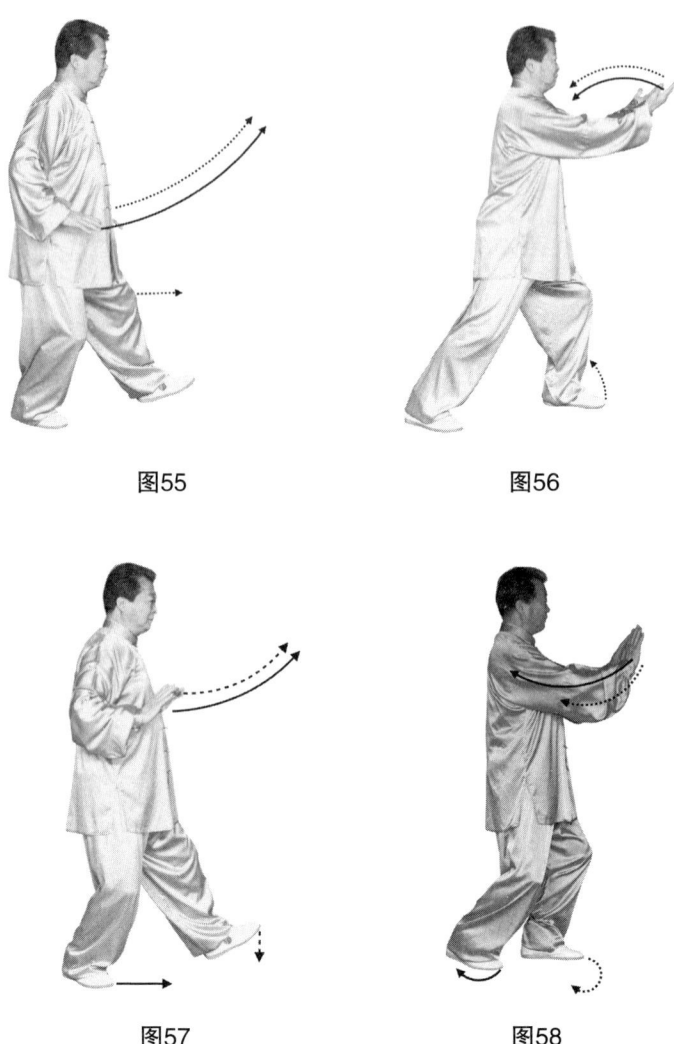

图55　　　　　　　　图56

图57　　　　　　　　图58

技术要领

①接上势（分掌蹬脚），右脚向下震脚须用全脚下震，应脚趾内抓后向下震脚，这样可避免因震脚而带来各种伤害。还要注意训练场地是否有硬物伤脚，有

脚疾或心血管病或高血压等疾病者，可用慢动作吐气落地用意念来震脚，做到养生与技击兼顾。

②震脚后双手立即外旋翻掌，利用震脚的反弹力，左腿前弓，右腿后蹬，双手从腰间向前、向上发力前托，这三者要做到协调一致。

③双托掌，如遇对方反攻，我顺势后坐，引进落空，再向前用按推劲发出。

技击用法

①接上势，对方用双拳击我头部，我用双手分掌化之，即提腿向其蹬出。如对方向后退避，我速上步用双托掌击之。

②如对方用化劲避开我双托掌，即用双手向我胸部进击，我后坐屈臂引进其来劲，上左腿成左弓步用按劲向前发出。然后右腿跟进半步，蓄劲待动。

11.十字手

动作演练

以右脚掌为轴，右脚跟内扣踏实，以左脚跟为轴，脚尖内扣踏实，向右转体，使两脚尖向南全脚踏实，两脚与肩同宽成开立步；同时，两手在胸前十字交叉相合，右手在外，左手在内，两掌心均朝内；眼向前平视，眼神关顾两掌（南）。（图59）

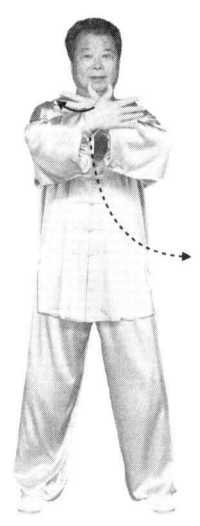

图59

技术要领

双按（东）转体成开立步（南），两臂在胸前成十字手，在转换过程中要做到立身中正，两臂要有外合内开，十字手相合，两掌心于胸前抱球，在双肩放松的前提下做到含胸拔背、合中有开、掤劲不丢。

注：两掌相合，两前臂为前半圆，沉肩拔背为后半圆，内开外掤臂、背圆撑合成一个整体劲，这样很自然地就能做到上则虚领顶劲，中则含胸拔背，下则气沉丹田，直到意贯脚心，形成上中下一气贯通，谓立身中正，支撑八面，中定不偏，还能产生一种周身浑然的太极中定劲。此式以开立步站立，并配合运气，经常练习能达到下部稳定，是有效增强中定劲的站桩单练方法。

技击用法

我用双手前按（东），对方从我右侧向我攻来，我速向右转体用十字双掤劲向前，与腰背前后对撑，气沉丹田，力由脊发，劲贯于十字手双臂，用抖弹劲把对方击出。

12. 抱虎归山

动作演练

动作一：两腿屈膝下蹲，腰微左转；同时，左手从胸前弧形下落于左腹旁，手心向上，右手掤劲不丢；眼先视右掌，后随左掌下沉自然关顾左掌。（图60）

动作二：以左脚跟为轴，左脚尖内扣踏实，重心全部移于左腿，右脚离地轻轻提起，身体微右转；同时，左手从腹前向左弧形上举，与耳同高，掌心斜向上，右臂沉肘带动右掌弧形下移置于胸前，掌心向下；眼神先关及左掌上举，再关顾右掌并向右前平视（西北）。（图61）

动作三：右脚向右前上步（西北），脚跟着地成右虚步；同时，左手屈臂置于耳旁，掌心向右前，右手从肩弧形落于胸前，掌心向下；眼视前方，眼神顾及右手。（图62）

四、杨式田架太极拳新编八十一式动作图解

动作四：重心前移，腰微右转，弓右腿，蹬左腿成右弓步；同时，右手经胸前向右前横捌，与腰同高，掌心向下，左手从耳旁向前推掌，与肩同高，掌心向前；眼向前平视（西北），眼神关顾左掌。（图63）

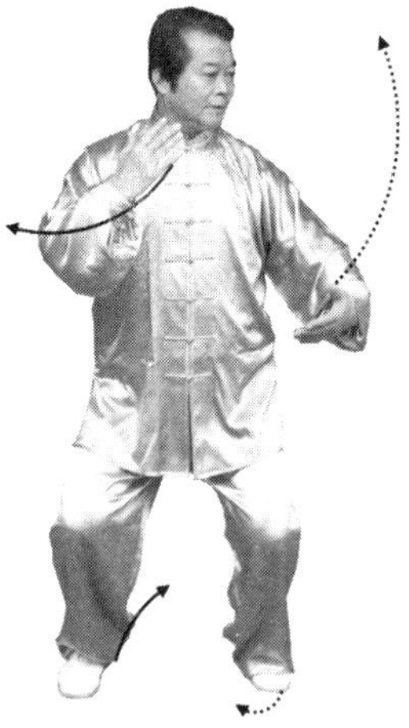

图60 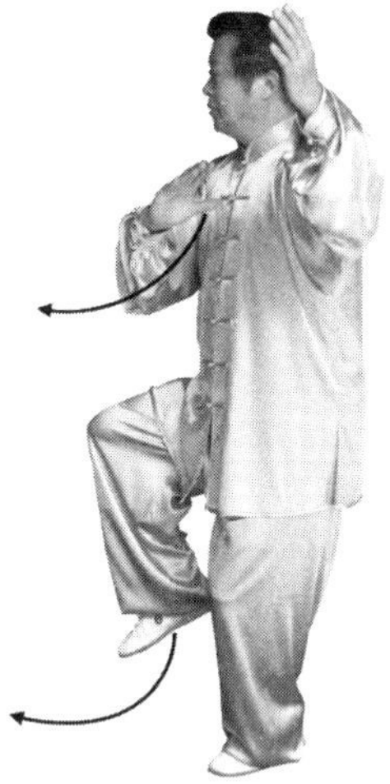　　　　　　　　图61

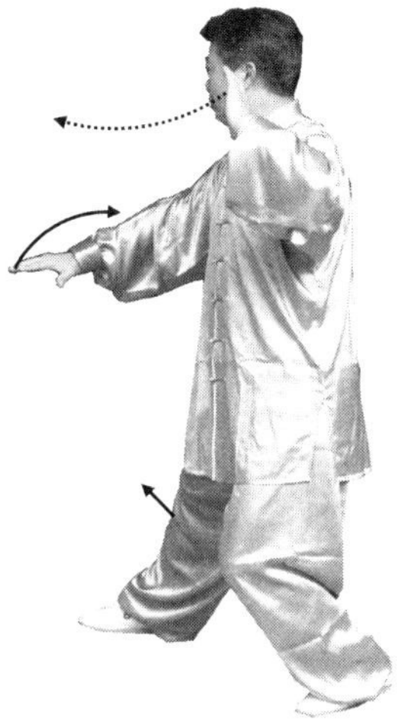

图62 　　　　　　　　图63

技术要领

①前式十字手开立步为合劲，两腿下蹲时须立身中正，接做抱虎归山时，腰

35

向右后转之前，要有先左微转的预动之势。拳论中提到"往复须有折叠"，这个折叠动作，是解决上式与下式的过渡连接，适用于各招式上下过渡的预动方法。

②步法为右脚向右后45°（西北角）上步，手法为左推掌，转身右挽掌落在右胯前，随即弓右腿，蹬左腿成右弓步，这些动作须松肩沉肘、以眼引路，做到手腰相随，掌握了这些技术要领，演练起来就会步法灵活、动作饱满。

技击用法

接上势，如对方在右后向我发起攻击；我即转身向右后速上右脚成右弓步，以右掌横击截之。同时，用左手推掌击其胸部。

13.上步右穿掌

动作演练

腰微右转，身体重心全部移到右腿，提左脚向前跟进半步踏实，重心移至左腿，再提右脚向前上一步，先以脚跟着地，随后重心前移全脚踏实，弓右腿，蹬左腿成右弓步；同时，左手向右下压掌，掌心向下，与胸同高，右手经左手背向前穿出，掌心向上，指与鼻同高；眼向前平视，眼神关顾右指前穿。（图64、图65）

图64　　　　　　　　　图65

技术要领

左手划弧，左掌下压至胸前，要体现转腰、含胸、左压掌、上右弓步穿掌形成一个蓄势（图64）。接着右脚上步，脚跟着地成右虚步，左掌下压和右脚跟着地，上下要同时完成，重心前移成右弓步与右穿掌也要做到手到、脚到、眼到，意动身随，一到俱到。

技击用法

对方用右手向我进攻，我左掌下压，右手右掌指向前穿击其脸或喉部此招慎用或点到为止。

14.护头蓄胯

动作演练

动作一：腰向左转，重心移到左腿，右脚尖内扣，左脚尖外摆，两手不变成左弓步横掌；腰微右转，重心再回到右腿，左脚提起收在右脚跟旁，脚尖点地；同时，右手臂内旋向下屈臂于胸前，左手回落在右腹前，掌心向上与右掌心相对，成左虚步抱球状。（图66、图67）

动作二：腰向左转，上左步，弓左腿，蹬右腿成左弓步（东南角45°）；同时，左手向前上掤出，手心朝内，与肩同高，右手向下落于右胯旁，掌心向下，眼向左前平视。（图68）

动作三：左脚尖外摆，腰向左转，右脚上一步与左脚（两脚距与肩同宽）平行成开立步；同时，左手臂内旋向左上翻掌护头，落于左额前上侧，掌心向左前，右手于腹前横格护裆，掌心向下；眼向前平视（东）。（图69、图69附图）

图66　　　　　　　　图67　　　　　　　　图68

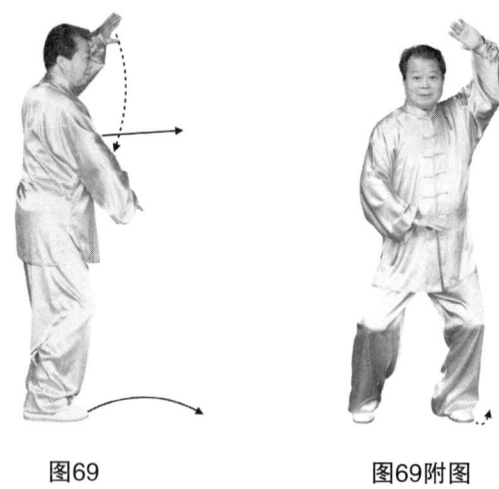

图69　　　　　　图69附图

技术要领

①上左弓步横掌速回右虚步抱球，这一左一右须以腰为轴，带动右手右横劈掌，重心后坐成左虚步两手抱球，两手和两腿步法的虚实变化，做到一气呵成。

②上开立步后，在立身中正的前提下，上手护头，下手蓄胯护裆，须做到腰脊直立，两手上下对拉，做到势正架圆。

技击用法

①我向西北穿左掌击对方，对方从左后向我进击，我立马回身上步用右手横掌击出，速后坐虚步抱球待动。

②对方从我左侧用右掌攻我头部，同时，左脚尖踢我裆部，我随即左转体上右步左手护头，右手蓄胯护裆化之。

15.右肘迎面掌

动作演练

动作一：左脚尖外摆，向左转体，提右腿向前上一步，脚跟着地，脚尖朝上成右虚步；同时，右手收于左腹前，掌心向下，左手自上向下弧形置于右肩前，掌心向下；眼平视右前方（东）。（图70）

动作二：重心前移，弓右腿，蹬左腿成右弓步；同时，右手握拳，出右肘前击，肘尖朝东（胸朝东北），左手下落于左胯旁，掌心向下；眼向前平视

（东），眼神关注右肘。（图71、图71背面图）

动作三：向右转腰，右掌向前翻出（胸朝东），掌心向上，与鼻同高；眼向前平视，眼神关顾右掌。（图72）

图70

图71

图71背面图

图72

技术要领

护头、护裆之后，紧接着做右肘迎面掌，出肘前击之前，技法须有转腰、运气、蓄劲，然后弓右腿出右肘迎面掌前击，此为吐气发力。谓先蓄后发。

技击用法

接护头蓄势，对方用右拳击我头部，我左手向下压击其来拳化之，并上右弓步用右肘攻其胸，对方含胸化之，我即翻右掌用掌背向其面部，用迎面掌击之。

16.肘底捶

动作演练

右脚尖外摆，向右转体，左脚提起向前上一步，脚跟着地成左虚步；同时，左手屈肘从胸向前推出，掌心斜向前，与鼻同高，右手握拳收于左肘下，拳背向前；眼向前平视（东）。（图73）

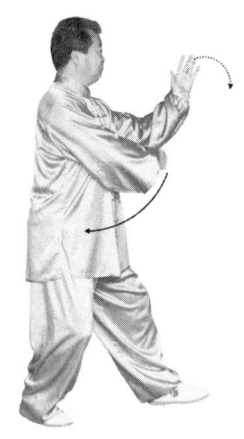

图73

技术要领

右肘前击后，速用右手迎面掌击出。上左步成左虚步，左手用扑面掌前击。这二掌前击，右手用掌背击出，左手用掌心前击，一阴一阳，谓阴阳掌。一肘二掌的连续进攻，须精神贯注、轻灵连贯、招式清楚。此后，右掌变拳回落胸前藏于左肘下，蓄势待动。

技击用法

①接前势，右肘迎面掌前击，对方见我出劲，即向后退避，我右脚尖略外摆，左手提掌至胸前，速上左步，左掌前击其头部，随之将右手握拳藏于左肘下，拳心朝里，拳眼向上。

②当我以右迎面掌击对方之时，对方抓我右手腕时，我即将右手内旋，用反

擒拿之法将对方手下採，随出左扑面掌击其面部。右手握拳下採与左掌向前上击出，可谓左上右下形成合力，使扑面掌功力倍增。

17.倒撵猴（3个）

（1）右倒撵猴（原地）

动作演练

左脚尖下落，全脚踏实，身体微向右转；同时，左手前推，掌心向前，右拳变掌，从左肘下落于右腹前，掌心向上；眼视左掌前推，向前平视（东）。（图74）

腰向右微转；同时，右手由腹过胯往后撩击，臂弧形向右后上举，与头同高，掌心斜向上；腰微左转，左臂外旋卷肱翻掌，掌心向上，与肩同高；眼神先视右掌，后关顾左掌。（图75）

（2）左倒撵猴（退步一）

动作演练

动作一：重心全部移到右腿，腰向左转，左腿屈膝提起，脚尖自然下垂；同时，右臂沉肘屈臂，右掌收于右耳旁，掌心向前；眼随转体向前平视，眼神关顾左掌。（图76）

动作二：左脚后退一步（两脚不能踏在一直线上，两脚横距不超过一肩宽），先以脚尖点地，重心后移而至全脚踏实（脚尖朝东北），身体微左转，以右脚跟为轴，脚尖随转体移向前方（东）成右虚步；同时，左掌向下、向后经腹前落于左胯旁，掌心向上，右掌经耳旁向前推出，掌心向前，与肩同高；眼神关顾右掌前推，向前平视。（图77）

动作三：腰向左转；同时，左手过胯往后撩击，弧形向左后上举托掌，与头同高，掌心向上；腰微右转，右臂外旋卷肱翻掌，掌心向上，托于右前方；眼先视左掌，后转移至右掌。（图78）

图74　　　　　　　图75　　　　　　　图76

图77　　　　　　　图78

（3）右倒撵猴（退步二）

动作演练

动作一：重心全部移到左腿，腰向右转，右腿屈膝提起，脚尖自然下垂；同时，左臂屈臂沉肘，左掌收于左耳旁，掌心向前；眼随转体向前平视，眼神关顾右手（东）。（图79）

动作二：右脚向后退一步，先以脚尖点地，重心后移至全脚踏实（脚尖朝东南），身体渐右转，以左脚跟为轴，脚尖随转体移向前方（东）成左虚步；同时，右掌弧形经腹前向后收于右胯旁，掌心向上，左掌经耳旁向前推出，掌心向前，与肩同高；眼神关顾左掌前推，向前平视（东）。（图80）

动作三：腰向右转；同时，右手过胯往后撩击，弧形向右后上举托掌，与头同高，掌心斜向上；腰向左转，左臂外旋卷肱翻掌，与胸同高，掌心向上；眼先视右掌后举，后关顾左掌。（图81）

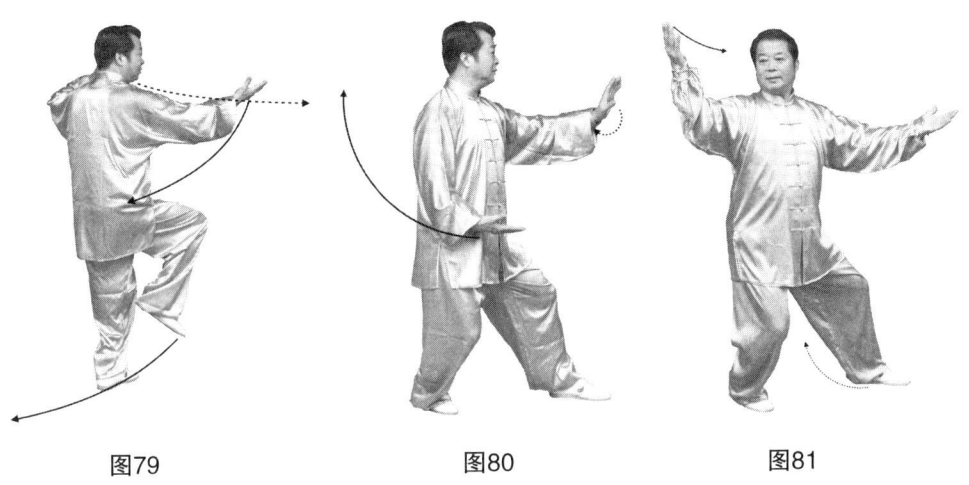

图79　　　　　　　图80　　　　　　　图81

（4）左倒撵猴（退步三）

动作演练同前"左倒撵猴（退步一）"。（图82、图83）

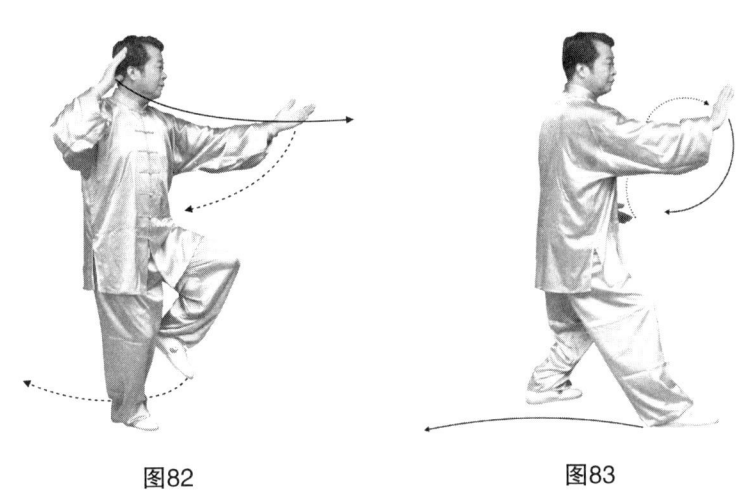

图82　　　　　　　图83

技术要领

①连续退步应做到重心平衡，身体不能有高低起伏，也不能左右晃动，须做到身法中正。

②两臂左右划圆不能有夹角和贴肋，须宽舒大方。进步、退步动作做到绵绵不断，步法后退轻灵有序。两手随转腰同时翻掌，眼神随腰转动而转移。

③倒撵猴是一种退中有攻、退中有打的动作，前手推掌、后手向下撩打、上托都有技击功能，要做到立身中正、两肩平正、两掌舒松卷肱、后退单脚站立平稳轻灵，做到迈步如猫行。

技击用法

我用肘底藏捶以静待动，对方向我胸部来犯，我用右拳变掌外翻下压，以粘黏其手腕，也可採其来犯之拳予以化解。又一人从后来犯，我转体继续向后用掌背击对方裆部。如对方收腹避让，我速向上托掌击其下颚。如前方又一人来犯，我退步中向来犯者出掌击其胸，做到退中有打。倒撵猴三个退步要领、技击相同，唯左右不同。

18. 白鹤展翅

动作演练

腰微左转，重心全部移到左腿，身体微右转，右脚提起向后撤一步，先以脚尖点地，随着重心后移，全脚踏实，左脚提起略收于体前（东），脚尖点地成左虚步；同时，左手自腹弧形向左上收至胸前，掌心向下，右手弧形向下收至腹前，掌心向上，两掌心在胸前成抱球状，随即右手臂内旋至右额上方，掌心向前偏右，左手自胸过腹弧形下落于左胯旁，掌心向下，指尖向前；眼向前平视（东）。（图84、图85）

四、杨式田架太极拳新编八十一式动作图解

图84

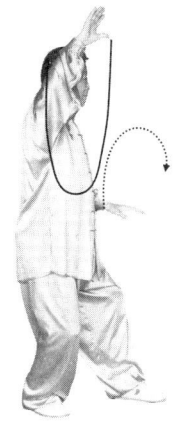
图85

技术要领

①左倒撵猴转白鹤展翅，方向朝东，两手胸前抱球与右腿后撤成左弓步，应同时开始、同时到位。重心后移成左虚步和两手双分成白鹤展翅，应做到上下一动俱动、一到俱到，达到动静相合。

②右手上举，左手下按，两手上下双分，须虚领顶劲，立身中正。右手上举应做到意念应随右转，腰带动右手上举，而呼吸做到上提谓吸气，左手也应随左转腰回落，在左胯旁谓吐气，这是太极特殊呼吸法，在腰为主宰的原则下做到"起吸呼落"，并配合外形动作做到转腰落胯内外相合，做到势正架圆。

③右手上举，用意气、心念配合动作平稳完成，这里要防止出现吸气挺胸、身体起立上升现象。要做到上则虚领顶劲、中则含胸拔背、下则意到丹田，防止耸肩、抬肘，应做到松肩沉肘圆臂。定势时，两臂呈圆弧形，白鹤展翅呈动中有静、以静待动之姿态。

技击用法

①我两手左上右下抱球待之，对方用左拳击我上胸，我用右手自下而上接其左臂，向右转体向上挑捌破解其来拳。对方又用右脚直蹬我腹部，我左转体速用左手俯掌击其右脚背破之。同时，右掌随转体自上而下击其头部，破解对方拳打脚踢的进攻。

②对方从左侧用双拳向我胸前攻来，我速转身，用左手握对方右手向左转腰将其下採，上举的右手随转腰用捌掌，横捌其头部，破其攻势。

③对方向我正面用右手出拳向我胸前击来，我速用右手抓握其右手腕、左手搭其右肘即向右转身，两手双採向右侧用腰劲将其发出。

19.海底针

动作演练

动作一：腰微左转后即右转，重心移至右腿，左脚略向里提收，脚掌着地成左虚步；同时，右掌弧形向左下经脸部至腰间沿右肋上提屈收于右耳旁，掌心朝左，指尖向前，左手向上划弧至右腹前，掌心向下；眼向前平视（东）。（图86）

动作二：腰微左转，左胯内收，身势下沉，上体稍向前俯；同时，左掌随转腰向左下半圆形搂过膝前至左胯旁，掌心向下，上体转腰前俯，右手掌指向前下插；掌心向左，左掌自左胯旁屈收胸前，掌心置于右上臂内侧，掌心向右；眼视前下，并关顾右手下插（东）。（图87）

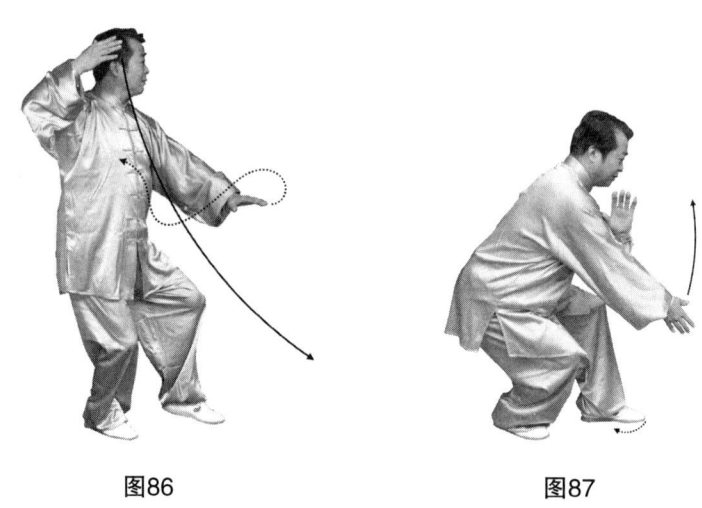

图86　　　　　　　　图87

技术要领

①左手向上横捌，右手下落于腰际，两手一上一下，由腰先左后右，带动两手走弧形，方显灵活。

②右手由腰际沿胸肋向上提至耳旁，不能有耸肩抬肘现象，应在松肩曲臂、

垂肘、扣腕提之耳旁。

③右手上提至耳旁时，腰微右转，左手搂膝和右手下插，腰略向左转。这里有一个欲左先右，腰脊折叠的预动之势。

④右手向下做海底针时，左手在左膝绕一个小圈搂膝后，即置于右上臂内侧，两手做到右插左护，双手协调有序。这是传统老架海底针用左手护在右臂上，以防对方袭我前胸和头部的防护手法。

⑤海底针屈膝下蹲、身体略前俯折腰，成左虚步；在折腰时，背部命门穴后拉，百会穴上提；两肩关节松开以意贯气，右掌自右耳旁向下前穿插，意念直达手指，节节贯穿，做到意到、气到、劲亦到。下插时，两目向前下45°，同时眼神关顾右手。

技击用法

①对方採我右手，我顺势俯腰下沉，由于对方死握我腕部，被我快速下沉而採倒或失重。

②我以白鹤展翅，以静待动。对方用左拳击我上胸，我右手落臂向左横击化之。对方又挥右拳击我胸部，我右转腰用左前臂拦击化之。对方随即出右脚踢我膝部，我俯身用左搂膝化之，即用右掌指穿击其腹部以下各部位均可。

20.蟾通背

动作演练

动作一：接上式。腰脊竖直，上体微右转，左脚提起略内收；同时，右手向上弧形经胸上提，掌心向左，与肩同高，左掌收至胸前，掌心置于右肘内侧，手指向上；眼神关顾右掌，向前平视（东）。（图88）

动作二：重心全部落实右腿，左脚向前上一步，脚跟先着地，随着重心前移，全脚踏实，弓左腿，蹬右腿成左弓步；同时，右手臂内旋，右掌弧形向上举，边上举边翻掌，置于右额上方托掌，掌心向右偏上，左掌自胸前沿右臂内侧向前立掌推出，指与肩同高，掌心斜向前（东）；眼神关顾左掌向前平视（东）。（图89）

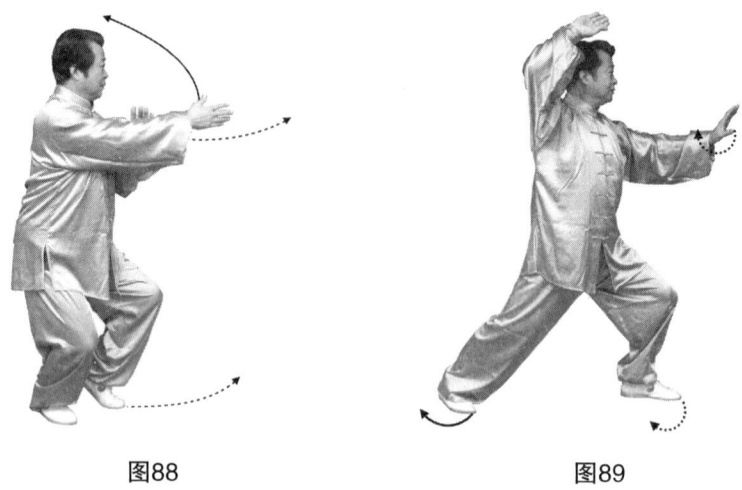

图88　　　　　　　　　　图89

技术要领

①右托掌上举，与左手立掌前推，两掌含有前伸后撑对拉之意。以右手后拉上托之劲，左右两手像扇面展开似的通背而出，右托掌须松肩沉肘，忌耸肩抬肘。左推掌也须沉肘、立掌，立掌意贯掌缘前推。

②两臂拉开定势时，须做到虚领顶劲、松肩沉肘、含胸沉气。左前立掌前推，右手托掌与左腿前弓、右脚跟后蹬做到逆向对拉，达到手到、脚到、气到、劲到。

技击用法

上式海底针定势时，头部暴露在外。对方用左手向我头部击来；我用右手上举，右掌托架对方来劲至右额前翻掌化之。同时，速用左手向前推击，以肩催肘，以肘催掌，再结合左弓步的前弓后蹬向前发劲，达到手、眼、身、法、步，一到俱到，将其击出。

注：田兆麟老师拳谱中蟾通背的名称，由口授心传的方式流传下来，后改为肩通背、闪通背。顾名思义，更贴近拳理，但他们的练法和功法是相同的，皆为一音之传。

21.转身撇身捶

(1) 转身背势

动作演练

重心后移,腰向右转,左脚尖内扣,右脚尖外摆,弓右腿,蹬左腿成右弓步;同时,左手外旋向上托掌,右手不变(面由朝东经南转西);腰继续向右转,面向西,两手随转腰弧形前摆推出,右手掌心向前,左手置于右肘内侧,掌心朝右前;眼神关顾右掌后,向前平视(西)。(图90、图91)

图90　　　　　　　　　图91

(2) 亮掌横拳

动作演练

重心后移至左腿,右腿提起,脚尖点地落在左脚旁,成右虚步;同时,左手臂内旋,收至左额前翻掌、掌心向外偏左,右手随转腰弧形自上而下,屈收于胸前后握拳,拳心向下。眼看前方(西南)。(图92)

(3) 弓步撇捶

动作演练

腰向右转,右腿提起向前上一步(朝西),脚跟先着地,重心前移,弓右腿,蹬左腿成右弓步;同时,右拳经胸前弧形向右上前方撇出,拳背向外,与鼻

同高，左掌自上而下，掌心置于右前臂内侧；眼视右拳后，即向前平视（西）。（图93）

图92　　　　　　　　　　图93

技术要领

①转身背势。蟠通背转撇身捶之前有一转身背势，步法从左弓步转为右弓步，用腰腿发力运至两臂，随转体，两掌顺势向前推出。

②亮掌横拳。右虚步提脚，左手在头上亮掌、右手曲臂握拳这三个动作要做到圆活连贯、一气呵成、动静结合。

③弓步撇捶。右脚上步成右弓步，与右手出臂握拳上撇须同时完成，做到上下一致。

技击用法

①转身背势。我蟠通背向东出击，如对方再次用右掌向我头部击来，我用右手採其腕，左手托其肘，速后坐转身，用腰腿发力运至两手，合力向右前方将其摔出，予以化解。

②亮掌横拳。我以右虚步亮掌横臂握拳待之。

③弓步撇捶。如对方再次进击，我速上右步用右拳向前、向上撇出，用拳背直击对方脸部。左掌心搭于右前臂，为右撇身捶助力。

22.跟步冲打

动作演练

动作一：接（图93）。腰微右转，重心全部移到右腿，左脚提起，向前上半步至右脚后，全脚踏实，右脚尖点在左脚前；同时，左手向前推出，掌心与肩同高，右拳收于腰际，拳心向上；眼向前平视，眼神关及左掌前推（西）。（图94）

动作二：向左微转体，右脚提起向前上一步，先以脚跟着地，重心前移全部踏实，弓右腿，蹬左腿成右弓步；同时，右手臂内旋，右拳由腰际向前打出，拳面向前，拳眼向上，与肩同高，左掌向里收回，掌心置于右肘关节内侧，坐腕立掌，指尖朝上；眼神随右拳打出，并向前平视（西）。（图95）

图94

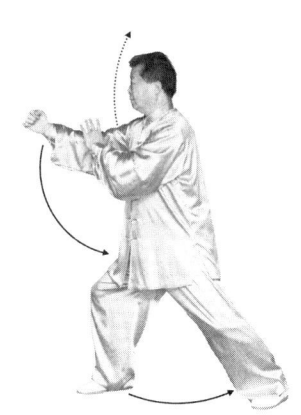
图95

技术要领

①撇身捶击出后（胸朝西偏南），即左脚向前跟进半步，左手向前推掌，右拳收于腰间，成右虚步推掌（胸朝西）。这三个动作幅度不是很大，但这些动作依靠腰的转动来完成。这样意气就能贯于动作之中，方显灵敏。

②在右虚步推掌前提下，右脚向前再上一步成右弓步出右拳。左手收回于右肘内侧护胸。这里要指出，上右脚之前，腰脊和胯向右做一个旋腰、右胯内收的细微动作，为吸气蓄劲，上步前弓后蹬、出拳击发为呼气发劲。此动作不仅要做到上下相随，还须做到内外相合，即谓拳论上所提到的"神形相合"。这是在松静的前提下，须由动作与心神紧密配合，才能神形结合。

技击用法

①对方用右拳向我胸部击来，我用左掌主动拦击，随即上右弓步，用右拳朝其胸部击之。

②也可主动出击，上左脚成右虚步，左掌即向前直击对方面部，然后出右脚成右弓步，右拳追击对方胸部。

23.左龙行掌

动作演练

动作一：重心移至左腿，右腿提起收于左脚旁成开立步；同时，左手向右、向上弧形架至左额前，掌心向前上，指尖向右，右拳变掌向左下弧形过胸，收于腰前，掌心向下。（图96）

动作二：右脚屈膝提起，向右前横步45°踏实，重心移至右腿，弓右腿蹬左腿成右弓步；同时，左手往下弧形收于腰际，掌心向上，右手向右上，弧形上架于额前，掌心朝前，手指朝左；眼向前平视（西）。（图97）

动作三：腰微左转，重心完全移到右腿，左腿收于右腿旁，随即向前上一步，弓左腿蹬右腿成左弓步；同时，右手外旋下压，掌心朝上收于胸前，左掌上提经右掌背后，内旋向前推掌，掌心向前，与肩同高；眼向前平视（西）。（图98、图99）

注：左龙形掌两手动作交叉划弧方向为逆时针，面朝西略偏南。

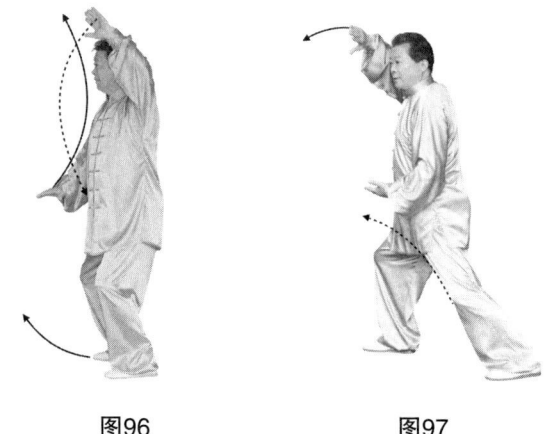

图96　　　　　图97

图98　　　　　图99

24.右龙行掌

动作演练

动作一：重心移至右腿，左腿提起收于右脚旁成开立步；同时，右手向左、向上弧形架至右额前，掌心向前上，指尖向左，左手向右下弧形过胸收于腰前，掌心向下，指尖朝前；眼向前平视（西）。（图100）

动作二：腰微左转，左腿屈膝提起，随即向左前横步45°踏实，重心移至左腿，弓左腿，蹬右腿成左弓步；同时，右手向右下弧形收于腰际，掌心向上，手指朝前，左手向左上弧形架于左额前，掌心朝前上，手指朝右；眼向前平视（西）。（图101）

动作三：腰微右转，右腿向前上一步，弓右腿蹬左腿成右弓步；同时，左手掌心下压收于胸前，右掌外旋上提经左掌背后，向前内旋推掌，掌心向前，略高于肩；眼向前平视（西）。（图102、图103）

注：右龙行掌两手动作交叉划弧方向为顺时针，面朝西略偏北。

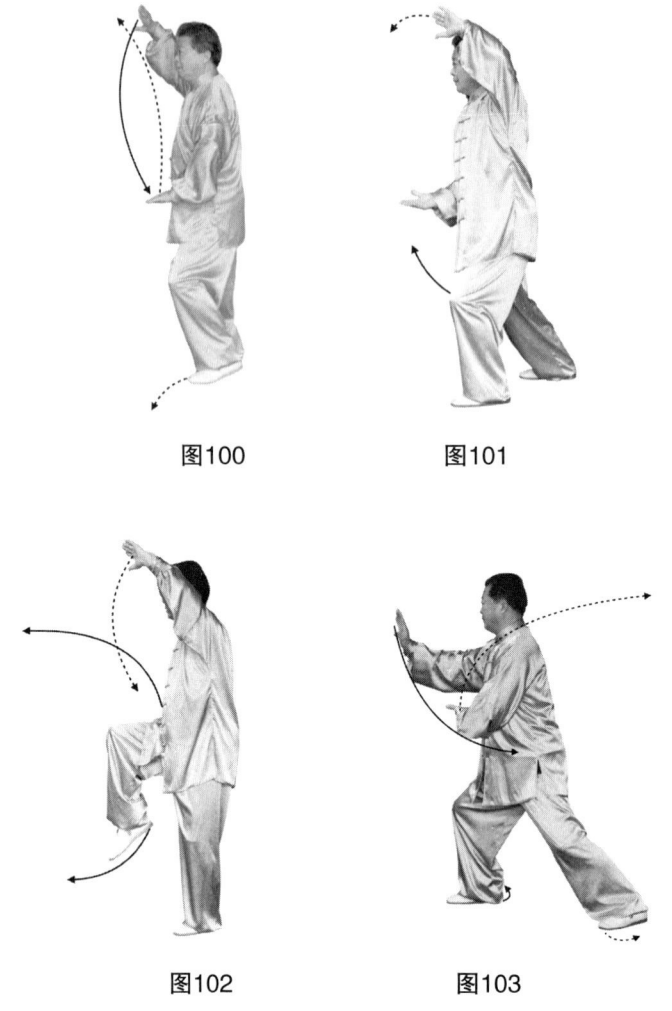

图100　　　　图101

图102　　　　图103

技术要领

①两手交叉成十字手，一手朝外为龙尾，一手朝里为龙头。以左龙行掌为例：左手朝里为龙头，右手朝外为龙尾。

②两手同时开始划弧，在技击意义上来讲，在双手划圆过程中，龙头、龙尾是互变的，两手一阴一阳，踏三角步，避正打斜。可谓阴阳互变，攻防也可互变。

技击作用：

以左龙行掌为例：我左虚步，以十字手护胸，如对方用右手击我头部，我左掌向右、上、左划弧拦击化之。如对方用腿踢我腹部，我右手下落从左至右进行拦击，划弧至上，用右掌横击对方头部。如对方出拳击我胸，我上举的右手向下压掌击对方手腕，并速上步成左弓步，出左掌击之。龙行掌的手法大圆圈可连续上、下、左、右，攻防两用。右龙行掌的要领和技击与左龙行掌是相同的，唯左右不同。

25.左右云手（3个）

（1）左云手

动作演练

动作一：腰向左转，右脚尖内扣，左脚尖外摆，重心左移成左侧弓步；同时，左掌自胸向上、向左弧形运转，掌心向里，高不过眼，肘略低于手腕，右掌向下往左划弧至腹前，掌心向内；眼向前平视（南）。（图104）

动作二：重心全部移到左脚，腰向左转，右脚跟提起落于左脚旁（两脚横向距离不超过肩宽），脚尖点地，两腿屈膝半蹲；同时，左掌向左运转，臂内旋沉肘，掌心向外，与鼻同高，右掌由腹向左上划弧经左胸前至左肩前，掌心向里；眼随转腰向前平视，眼神关注左掌左运。（图105）

图104

图105

（2）右云手

动作演练

动作一：重心右移，右脚全脚踏实，左脚跟稍提起，身体稍右转；同时，右掌自左胸前弧形向上、向右运转，掌心向内，与鼻同高，左掌自左而下向右运转，随运臂外旋至腹前，掌心转向内；眼随转体转移，先视左掌，当左掌下运、右掌上运时，眼神关注右掌右运。（图106）

动作二：腰微右转，重心全部移到右腿，左脚跟离地，提脚向左横跨一步，脚跟先着地，然后全脚踏实，成右侧弓步；同时，右手随转体内旋，松肩沉肘，掌心向外，左掌向上运至近右腕，左掌心向内；眼神关顾右掌右运。（图107）

图106　　　　　　　　　图107

（3）左云手

动作演练

动作一：身体微左转，重心左移成左侧弓步；同时，松左肩，左掌手指自右腕前向左上弧形运转，掌心向内，高不过眼，低不过口，肘略低于腕，右掌臂内旋，继续由上向右下划弧翻掌至腹前，掌心向里；眼神关顾左掌左运，并向前平视。（图108）

动作二：上体继续左转，右脚收于左脚旁，两脚平行与肩同宽；两掌云至身体左侧，逐渐翻转，左掌心转向外，指与鼻同高，右掌云至左肘内侧，掌心向

内；目视左掌，向前平视（东南）。（图109）

图108　　　　　　　　图109

技术要领

①云手是太极拳运动中唯一的一个横向移动的步法和招式，在演练时要注重身法，须虚领顶劲，含胸拔背，做到立身中正。不能产生前俯后仰、左歪右斜、抬头挺胸和低头凸臀之状。

②在收步、迈步横向移动过程中，步法的变换用胯来调整。如出左腿时，做到左胯内收，右胯微外凸；收右腿时，做到右胯内收，左胯微外凸。这样用胯来调整，使云手在出步和收步时均能做到立身中正。开步用脚跟提起，出步是用脚跟先着地（杨式早期老架98式是从陈式老架演变和发展的，所以本套路也是在传统的基础上发展的）。收步后，两脚横向距离不超过一肩的宽度。

③两手臂在胸前左右各划一个圆（左手臂逆时针方向，右手臂顺时针方向），做到圆中有方、方中有圆。云手横向移动，须做到步法轻灵，一开一合上下平行，不能有忽高忽低的起伏现象。两手随腰走圆，动作要绵连不断、势势相承，做到势正架圆。

④云手每一圈的手法都有挑、靠、掤、云、按、捋、格、抱（双手合抱）这8个动作。

技击用法

①如对方用右手击我面部，我用左云手掤劲把来劲化解。如对方左脚踢我腹

部，我左转身用右手横捯化之。此化法左右用法相同。

②对方用右摆拳横击我头部，我以左手捯住右腕，翻掌下採其右手腕，速用右手挑其右肘，我用左採（腕）右手挑（肘关节）用反关节方法把对方擒住。

③对方用右手插进我左肋，我向右转体用左臂粘住对方右肘关节外侧，速转身发力，用转腰反关节擒拿手法予以解脱。这个插腰急解法，左右两臂都可使用。

26.撤步右分脚

动作演练

动作一：右脚尖内扣，重心右移，左脚提起向身后撤一步，左脚尖点地后全脚踏实，右腿屈膝前弓成右弓步；同时，左臂外旋屈收于胸前，掌心向上，右臂外旋经左腕后即内旋穿出，掌心向前，与鼻同高；目视右掌。（图110、图111）

动作二：重心后移至左腿，右腿屈膝上提，脚尖朝下，成独立步；同时，左手自胸过腰向左、后上划弧至胸前，掌心向内，收至胸前，右手随重心后移，屈收于胸前，右腕轻搭于左腕背上，掌心向内，两手相合成十字交叉；眼向前平视。（图112）

动作三：右脚向前分脚踢出，脚尖朝上；同时，两手向上、向左、向右作扇面形分开，腕与肩相平，掌心向外，指尖略向上；眼视右掌向前平视（东稍偏南）。（图113）

图110

图111

图112　　　　　　　　图113

技术要领

①分脚之前，独立步两手在胸前成十字手，两臂双分时，不能伸直，要呈圆弧形。在分脚前踢时，做到手到脚到，意贯脚尖。

②在演练时，要做到内外三合，分脚须做到肩与胯合、肘与膝合、手与足合，此谓外三合；心与意合、意与气合、气与力合，此谓内三合，做到心到、意到、气到。

③提腿成独立步，两手双合成十字手为吸气，两手双分和分脚踢出时为吐气。

技击用法

①对方用右手击我中路，我左手向下拦击化之，速提右掌出击对方之面部。化解对方之攻势。

②如对方再进攻，我撤步后退一步避其攻势，速提右腿，分脚踢之。

27.转身左蹬脚

动作演练

动作一：右腿屈膝收回，右脚脚跟先着地；同时，两掌外旋自外向内弧形在胸前十字交叉相合，左掌在外，右掌在里，掌心均向里；眼神随两手合掌内视。（图114）

动作二：以右脚跟为轴，脚尖内扣，身体速向左后转体90°，提左腿，脚尖自然下垂成右独立步；两手不变，仍为十字交叉手，此时吸气；双目向前平视（朝西）。（图115）

动作三：左腿提膝，左脚尖向上，用脚跟向前蹬出（朝西），右腿随左脚蹬出而渐起立，右膝保持微屈；同时，两手臂外旋向左右分掌，掌心均朝外，与鼻同高，此时呼气；眼随左掌向前平视。（图116）

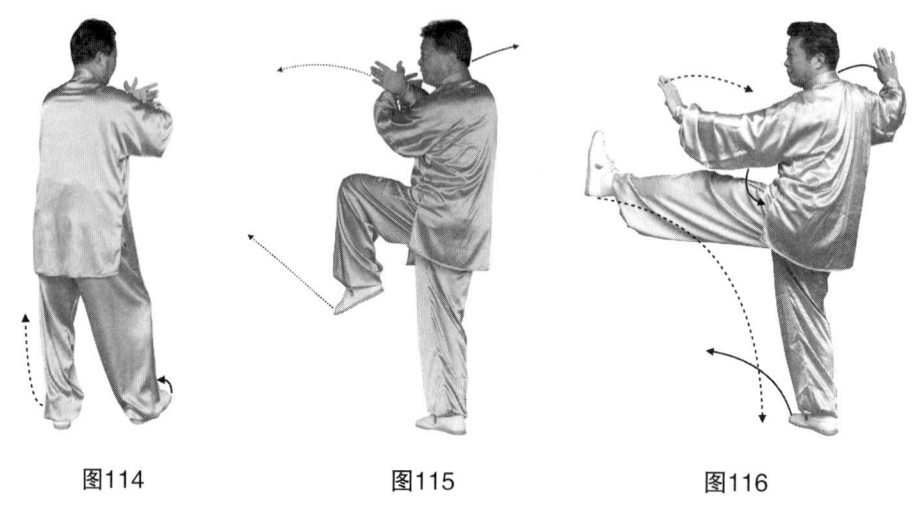

图114　　　　　　　　图115　　　　　　　　图116

技术要领

①转身用右脚跟为轴，身体由东转到西，保持上下一条线，重心稳定。眼神要随转身平扫而转移，切不可抬头或低头。

②手和脚同时内收、同时外开，蹬脚时做到手到脚到，脚跟前蹬，脚尖上勾，意念集中全脚，合为吸，分为吐。做到动作与呼吸密切配合。

③眼光随着手与脚收合为内视，两手分开，蹬脚时为远视，要有一种上下相合、开合有序、神形兼备、意远劲长的太极发劲气势。

技击用法

①如对方从背后向我袭击，我即左转身（西），左掌直击对方面部。同时，用左脚蹬其腹部。

②如对方用双拳击我头部，我用双分手化之，速用左脚蹬之。

28.野马分鬃（3个）

（1）右野马分鬃

动作演练

动作一：腰向左转；左腿屈膝回落于右脚旁，脚跟着地，脚尖随转腰外摆45°踏实，右腿收于左腿内侧，脚尖朝下，左手屈臂至胸前，掌心向下，右手自右上随转腰弧形向左下至腹前，两掌心相对成抱球状。（图117）

动作二：腰略向右转；提右脚向前上步（朝西稍偏北），脚跟先着地，身体稍右转，随着重心移向右腿至全脚踏实，弓右腿，蹬左腿成右弓步；同时，右手随转体向右上方以拇指一侧弧形向右挒出，掌心斜向上，指尖与眉同高，左手向左弧形下採于胯旁，掌心向下，虎口向前；眼神关顾右掌，并向前平视。（图118）

图117　　　　　　　　图118

（2）左野马分鬃

动作演练

动作一：腰微左转后立即右转，重心稍后移，右脚外撇；重心全部移至右腿坐实，左脚经右脚旁向前提起，脚尖自然下垂；同时，右手臂随转体内旋屈肘移于右胸前，掌心向下，左手臂外旋向右弧形收至腹前与右掌心相对成抱球状；眼

随转体平视，眼神关顾两掌抱球。（图119、图120）

动作二：腰略左转，提左脚向前上一步（朝西稍偏南），脚跟先着地，重心移向左腿至全脚踏实，弓左腿，蹬右腿成左弓步；同时，左手向左上方以拇指一侧弧形向左挒出，掌心斜朝上，指尖与眉同高，右手向右弧形下采于胯旁，掌心向下，虎口向前；眼神关顾左掌，向前平视。（图121）

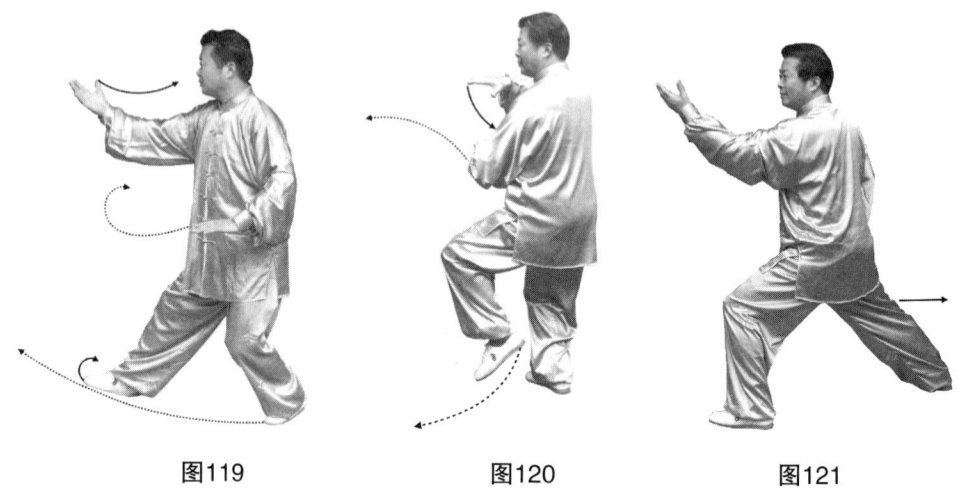

图119　　　　　　　图120　　　　　　　图121

（3）右野马分鬃

动作一：腰微右转后立即左转，随着重心移向左腿，脚尖随转腰外摆45°，提右腿收于左脚旁，脚尖自然下垂；同时，左臂弧形内旋屈臂至胸前，掌心向下，右臂随转腰弧形外旋向左至腹前，与左掌心相对成抱球状。（图122~图124）

动作二：腰向右转，提右脚向前上一步（朝西稍偏北），脚跟先着地，重心前移至右脚踏实，弓右腿，蹬左腿成右弓步；同时，右手向右上方以拇指一侧弧形向右挒出，掌心斜向上，指尖与眉同高，左手向左弧形下采于胯旁，掌心向下，虎口向前；眼神关顾右掌，并向前平视。（图125）

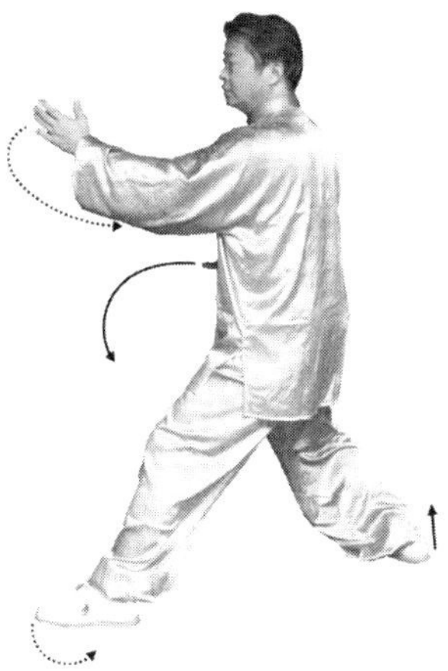

四、杨式田架太极拳新编八十一式动作图解

图122 　　　　　　　　图123

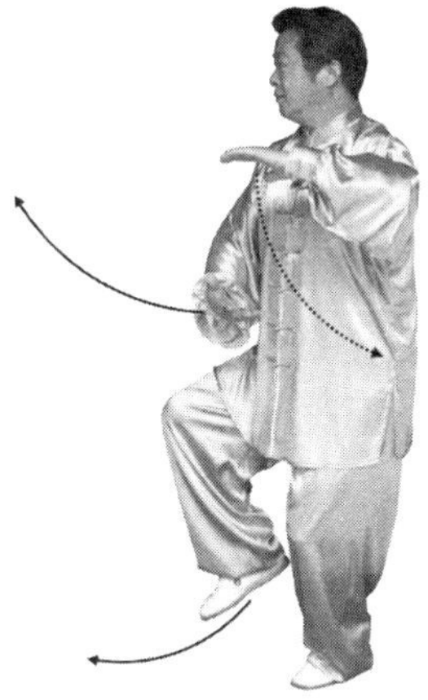

图124 　　　　　　　　图125

技术要领

①野马分鬃以左右弓步为基本步法，两手上挒下採为基本手法。手掌随腰转动向前横挒发劲。演练时，须用意念与动作结合，做到意到、手到、脚到、劲到，达到神聚劲整、上下相随、内外相合。

②左右上步时，步法要轻灵、沉稳，左右弓步时，双脚的距离要比搂膝擒打略大点，以显沉稳大气。定势时，做到前脚尖、膝尖、鼻尖、手尖方向一致，以腰带动劲贯四梢。

63

③身法须中正不偏，迈步时，腰部有一个内在的折叠动作，即上右步前，腰先向左转，左腰眼松沉托起右腰眼，使左腿胯跟内收下沉，右腰眼微上抽，这样上右步就轻灵，落步后两腰眼平行，身法也自然中正。右脚重心前移时，做到边转腰、边两腿前弓后蹬，左腿自然伸直成右弓步。左右上步，腰的转动调节方法是相同的，唯左右不同。

④立身中正，步法进退，腰腿须有折叠转换之法，不局限于野马分鬃，太极拳转体动步所有行功走架都适用。

技击用法

①对方用左弓步出左拳向我前胸进击，我用左手接其左腕向左下採，用右手上臂插进其腋下，并上右弓步套住其左脚，同时向右横挒发劲。此时，我左手松开，用腰腿和右手挒劲，将对方发出或倒地。

②在我右野马分鬃时，对方用左脚向我腹部蹬来，我速身势下沉，上左步，用左手接其左脚，向上抬起，速两手双分，用左分鬃将其击出。

29.撤步横掌

动作演练

动作一：腰向左转，重心后移，右腿提起收于左脚前，脚尖点地成右虚步；同时，右手体屈收于胸前，右掌横挒，掌心向上与鼻同高，左手略收于腹前，掌心向下；眼向前平视，眼神关注右掌（图126）

动作二：右腿提起向后撤一步，腰向右转，重心后移，右脚踏实，左脚提起屈收于右脚前，脚尖点地成左虚步；同时，右手收于右腰旁握拳，拳心向上，左手臂外旋弧形收至胸前，左掌横挒，掌心向上，与鼻同高；眼向前平视，眼神关注左掌（西）。（图127）

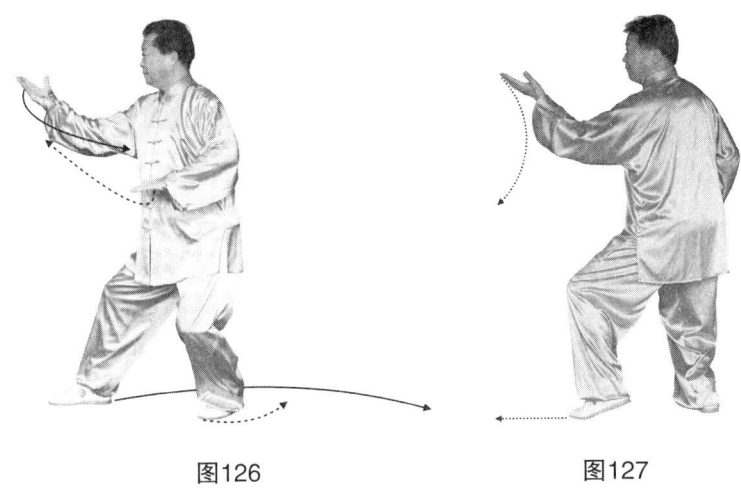

图126　　　　　　　图127

技术要领

撤步横击是太极拳少有的退中有攻，用掌横击的一种技法。它的后撤转体角度比倒撵猴小，是田式小架的招式，须做到退步快速、手法敏捷。虽然撤步横击的动作小，也须做到内动和外动有效结合。以腰脊为轴，发挥腰的折叠作用；欲左先右，腰向右微转为蓄向左为发。右腿向后撤一步为吸气蓄劲，收左脚两手採捌为吐气发劲。内动与外动结合，合乎上下相随和内外相合，能得机得势，使劲力倍增。

技击用法

①对方出右拳，攻击我上胸，我用左手抓握其手腕，发力下採，同时，右掌横击其头部，予以化解。

②对方上步用右掌击我头部，我用右手抓握其手腕，发力下採，速提腿后撤，使对方失去重心，即出左掌转腰横击对方头部，予以化打。

30.搂膝栽捶

动作演练

动作一：腰微右转后立即左转，左腿向前上一步，脚跟着地成左虚步；同时，左掌内旋翻掌至胸前，掌心向下；眼向前向下平视。（图128）

动作二：重心前移，弓左腿蹬右腿成左弓步；同时，左掌自胸向前以半圆形搂过膝前至左膝旁，掌心向下，右臂内旋，右拳由腰间向前下方打出（拳低于膝关节，拳心向左），随身体前倾，左臂屈收于右肘内侧，掌心向外；眼向前下平视，眼神关注右捶下打。（图129）

图128　　　　　　　　　　图129

技术要领

①重心前移成左弓步时，左掌过膝前搂，右手向下打捶，左手从左膝旁随即收至于右肘内侧护胸。这些动作应做到上下相随、神形结合、一气呵成。

②右手握拳下击，应做到沉肩、松胯、折腰，折腰须做到颈椎、腰椎和尾闾三者保持斜中求直，不可弓背、点头、抬头，以免内劲自断。

③栽捶向前下打出，落捶前右拳松握，向前下方打出时，拳面由松入紧，做到劲贯拳面、意念入地。

技击用法

①如对方向我腹部以下进击，我左手向前下翻手压掌，出右拳攻之。

②如对方用脚踢我膝部，我挥左手向下搂膝化之，速出右拳向前下击之。

31.左右耳后掌

动作演练

动作一：重心后移，立身中正，腰向右转重心右移，弓右腿，蹬左腿成右侧弓步；同时，右拳变掌自下而上，屈肘向右耳后反打，掌过右耳，掌心向内，左掌向下压掌，掌心向下，与腹同高；眼随转体平视（西北）。（图130）

动作二：左脚尖内扣45°，腰向右微转，再向左转，重心左移，弓左腿、蹬右腿，成左侧弓步；同时，左臂外旋经腹再屈臂，经胸向左耳后反打，掌过左耳，掌心向内，右掌向下压掌，掌心向下，与腹同高；眼随转体平视（东北）。（图131）

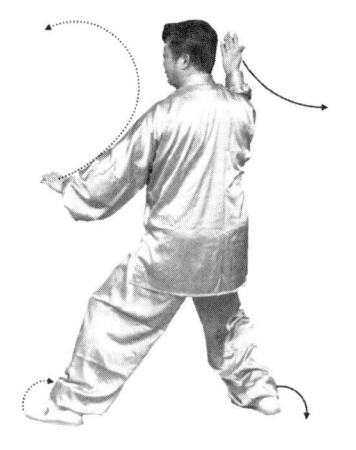
图130

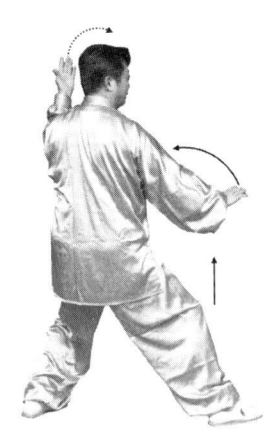
图131

技术要领

①从栽捶转接到左右耳后捶，栽捶击出方位为西，右耳后捶击出方位为东略偏北，左耳后捶击打方位为西略偏北，是在左右侧弓步只移动重心，不动步的基础上向左右出击。

②此招式是一种专门对付背后偷袭的反掌后击的独特手法。发力时做到裆劲下沉，开胯拧腰发劲，做到两臂、两腿达到曲蓄有余，有利重心稳定。

③一手耳后发劲，另一手向下压掌，为耳后掌助力，而且做到上下对拉。

技击用法

①如对方从右后向我来犯，我后坐用右肩向其靠出。如对方逃避，我速用右手反掌击之。

②如对方从左后向我攻击，我转身左靠把对方击出。如对方逃避，我速出左手，用后掌击其脸部。

32.白蛇双吐信

（1）右吐信

动作演练

动作一：腰微左转，右脚提起成左独立步；同时，右掌屈收于胸前握拳，拳心向下，左掌内旋翻掌上举于左额前，掌心向外；眼向前平视（东北）。（图132）

动作二：腰向右转，右腿向前上一步（朝东），脚跟着地，脚尖上翘成右虚步；同时，右拳随转腰经胸前弧形向上、向前撇出，左手下落置于右肘关节内侧；眼关顾右拳向前平视（东）。（图133）

图132　　　　　　　　图133

动作三：重心前移，右脚全脚掌踏实，弓右腿，蹬左腿成右弓步；同时，右拳变掌，屈臂内收于腰前，掌心向上，左掌沿右手前臂向前推出，掌心向前，与鼻同高；眼关顾左掌后向前平视。（图134、图135）

四、杨式田架太极拳新编八十一式动作图解

图134　　　　　　　　　图135

（2）左吐信

动作演练

动作一：右脚尖外撇，腰向右转，左脚提起，脚尖点地成左虚步；同时，右臂自腰前弧形内旋随转身向后上举至右额前，掌心向外，左掌握拳屈收于胸前，拳心向下，眼向前平视（东北）。（图136）

动作二：腰向左转，左腿向前上一步（朝东），脚跟着地，脚尖上翘成左虚步；同时，左拳经胸前弧形向上、向前撇出，右手下落置于左肘关节内侧。（图137）

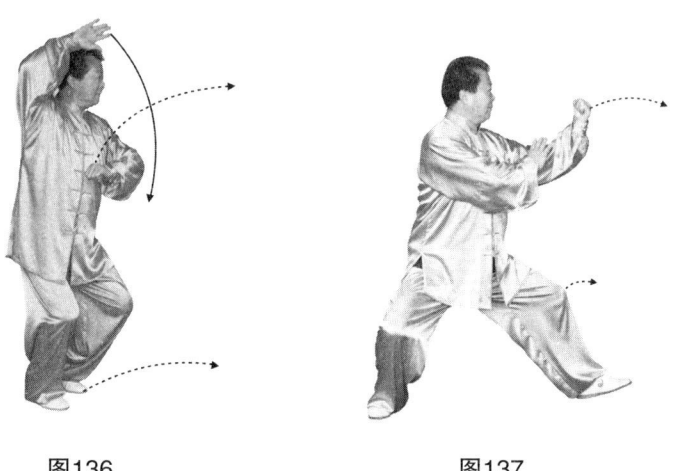

图136　　　　　　　　　图137

69

动作三：重心前移，左脚全脚掌踏实，弓左腿，蹬右腿成右弓步；同时，左拳变掌，屈臂内收于腰前，掌心向上，右掌沿左手前臂向前推出，掌心向前，与鼻同高；眼向前平视（东）。（图138、图139）

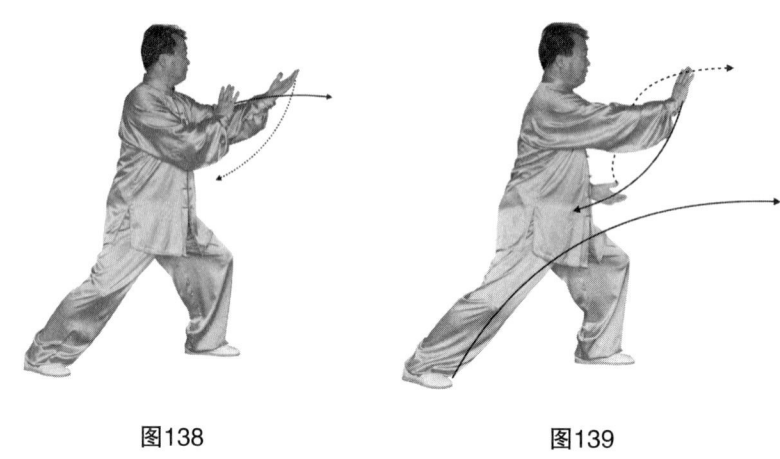

图138　　　　　　　　　图139

技术要领

①白蛇双吐信是以主动出击的形式向前握捶撇出至胸前最大距离时，即变掌出指向前追击发力，像白蛇吐出信子一样。运用时，要求劲起于脚跟、发于腿，主宰于腰，形于手指，一气呵成。

②当一手出拳由拳变掌展指，另一手掌心搭在出拳的前臂给予发劲助力时为阴，前手掌心发力为阳；当前手收回至腰前为阴手，后手掌前推为阳手。白蛇双吐信是一种阴阳互变做到连续前击的阴阳掌法，两掌应协调有序地运用。

注：右脚上步成右弓步，右拳由拳变掌，在实际演练时一般采用拳背变掌背，劲贯掌指用仰掌前击，紧接着左手掌心扑面而出。此两掌谓太极阴阳掌，须做到眼到、掌到、指亦到，眼直视前方，并配合吐气。

本套路32式名为白蛇双吐信，即左右吐信，具有步法灵活，手法丰富多变，加强了应变能力。这对于开展太极散手对练、提高技艺是十分有效的，白蛇双吐信左右练法相同。

技击用法

我以亮掌握拳以待，对方一动我迅速上步，做到步到、拳到、掌到，并伸指击目。如右手出击被化解；我转腰蓄右掌速用左掌再击对方面部或胸部。由于速度快，出手易伤人，使用时应慎之又慎。在双方的攻防模拟练习中，也只能点到即止。左右技击用法相同。

33.右蹬脚

动作演练

重心全部移到左腿，左腿微起立，右脚提起向前蹬出，脚尖向上；同时，左手臂弧形屈肘内旋上提至耳旁立掌，向前推出，掌心向前，与肩同高，右手臂外旋翻掌收到腰旁，掌心向上；眼向前平视。（图140）

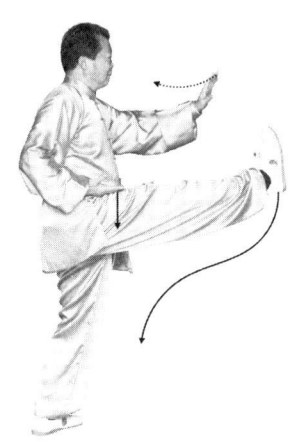

图140

技术要领

从左弓步到左独立步推掌，蹬腿需在立身中正的前提下进行。左掌前推时，要松肩、沉肘、坐腕。右腿前蹬时，劲贯脚跟，做到右蹬脚与左掌前推时上下同时发力到位，达到意到、劲到，包括眼神、吐气，一到俱到。

技击用法

对方用左拳击我胸部，我用右手向下拦击后引化解后，即出左掌向其面部推出，并提右腿向其腹部蹬出。

34.左打虎势

动作演练

动作一：右脚屈膝收回，脚尖自然下垂成左独立步，左腿略下蹲，随即向上跳起，右脚向下，脚掌着地，然后全脚踏实，左腿屈膝提起，脚尖朝下成右独立步；同时，右手由腰前向前右上举，掌心斜向前，与鼻同高（朝东南），左手收于胸前，掌心置于右肘内侧，眼向前平视（东南）（上跳的动作也可不做，即右脚轻轻落地，左腿屈膝上提成右独立步亦可）。（图141、图142）

动作二：右腿屈膝，身势下沉，左脚向左后撤一步（45°），身体左转，朝北偏西，脚跟先着地，重心左移，全脚踏实，弓左腿，蹬右腿成左弓步；同时，左掌经胸前向左下经左膝前绕圈再向左后过胯握拳划弧上提至左额前上方，拳眼向下，拳心向外，右掌自右向左经胸前握拳，屈肘置于胸前，拳心向下，拳眼向里，与左拳上下相对，腰向右转，左脚尖内扣，上体不变；目视前方（东北）。（图143~图145）

动作三：腰继续右转，转身回打，随即重心右移，右脚尖外撇，弓右腿，蹬左腿成右弓步；同时，左拳随转体向右前打出（追打）；眼神关顾左拳后向前平视（东南）。（图146、图147）

图141

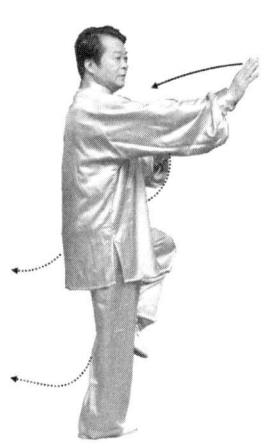

图142

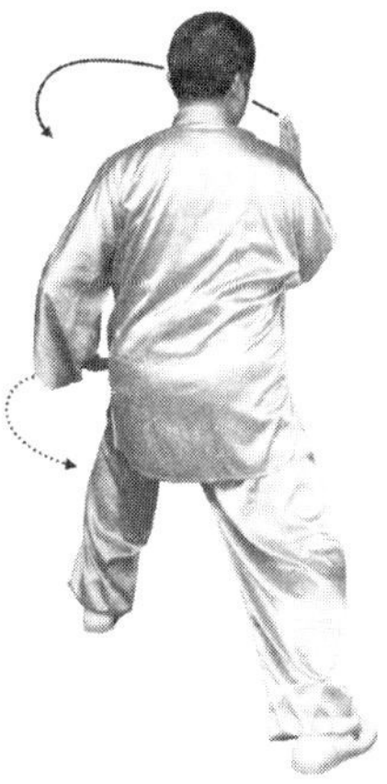

四、杨式田架太极拳新编八十一式动作图解

图143 　　　　　　　　图144

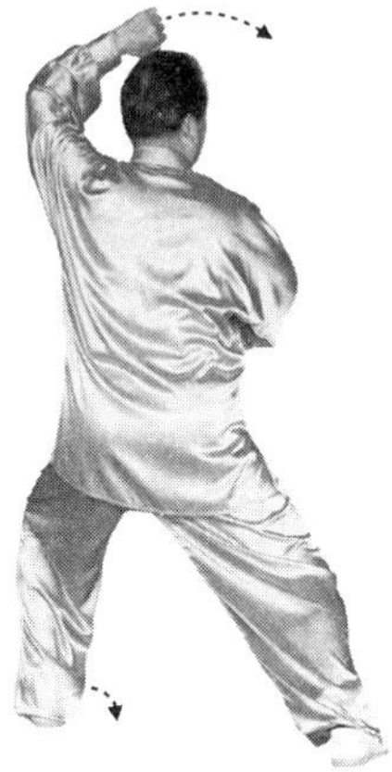

图145 　　　　图146 　　　　图147

35.右打虎势

动作演练

动作一：向左转腰，重心左移，右脚收于左脚旁，脚尖自然下垂成左独立步；同时，两拳渐变成掌，左臂松肩沉肘屈收于左前方，左掌与眉同高，掌心向前，右手收至左胸前，掌心与左肘关节内侧相对；眼视左手后向前平视（东北）。（图148）

73

动作二：右脚提起向右后45°撤一步，脚跟先着地，重心右移，右脚尖外摆，左脚尖内扣，弓右腿，蹬左腿成右弓步；同时，右掌自胸前向右下经右膝前绕圈向右后过胯握拳，右拳再向右上划弧至右额前上方，拳心向外，拳眼向下，左掌自左向右屈肘握拳，置于胸前，拳心向下，拳眼向里，与右拳上下相对；目视前方（东南）。（图149~图151）

动作三：腰向左转，上体不变，右脚尖内扣转身反打，眼视东北（回打），随即重心左移，左脚尖外撇，右脚尖内扣，弓左腿，蹬右腿成左弓步；同时，右拳向左前打出（追打）；眼神关顾右拳后向前平视（东北）。（图152、图153）

图148　　　　　　图149　　　　　　图150

图151　　　　　　图152　　　　　　图153

四、杨式田架太极拳新编八十一式动作图解

技术要领

①独立起跳时，左腿稍下蹲再起跳，右脚要轻灵着地，并轻轻抓地成右独立步，以免摇晃，要立身中正（此式也可不跳，即身势下沉，右脚轻轻落地踏实，上左步成左打虎势亦可）。

②左脚撤步成左打虎势和右脚撤步成右打虎势时均要迈步如猫行，手随腰转，两臂弧形划圈要圆活饱满，不能有棱角，不能抬肘、耸肩，要体现太极拳论所要求的"无使有缺陷处，无使有凸凹处，无使有断续处"，进退连贯灵敏，身法中正不偏。

③当手划过膝前再过胯握拳向前打时，要左右大幅度地拧腰、转胯，但也不能太过，眼神要随手而转移。当左手向后往上至左额前时，要向右转腰，要松肩沉肘，臂呈圆弧形上举，幅度要大，上下两拳回打须以腰带动，左打虎势向左转体从西北角转身回打至东北角，右打虎向右转体从西南角转身回打至东南角。左右转动时身应随势而移动，定势时眼光中正远视，手、眼、脚、头部和身法做到一动俱动，一静俱静。以左打虎为例：第一个定势为东北角。双拳不变，即转体反打，为第二个定势。第三个为重心移右弓步，左拳随右弓步前打、为追打。

注：右打虎势与左打虎势技术要领相同，唯左右方向相反。田谱的左右打虎势，其腰脊旋转幅度比杨式88式和85式大90°，其巧妙在于一个握拳在额前斜打，如对方躲避，可跟踪反打，对方脱逃再弓右腿追打。全靠腰脊与双腿迂回发力。运用时不可停顿，要连贯圆活，四肢以气贯通，做到周身一家，这也是田谱打虎势具古太极拳风格的原因。

技击用法

①如对方用左手或左拳向我右面攻击；我左手採其手腕，右手搭其肘关节，右脚起跳落步、左脚撤步成左弓步的同时左手下採，右手随转腰推击其肘关节（反关节，方向朝北），予以化解。

②如对方顺我採劲，松化肘关节，顺势向我进逼；我向左转身，用左腿套住对方前腿并加大採劲力度，用右掌随转体横击其胸、肋或腰背使对方失重或倒地。如对方仍未失重，我即松开左採之手，速用左掌变拳，向上打其头部。

③如对方闪身向右躲闪；我继续向右后转身，用回身反打追击其头部，并用右肘击其胸、肋或腰背部，用两拳横向中心合力击之。

注：左右打虎在技击用法上是一组群战的组合动作，其特点为双手横拳向中心聚合击打，在力学上讲是一种向心力，两拳上下向内发劲再加上转腰回身反打横拳击之，如对方逃避，我即用弓步出拳进行追打。此法双拳向心合力击打，是传统套路经典之处；此式新增加回身反打、弓步追打，更使对方防不胜防，这也是对传统套路的创新发展。

36.双风灌耳

动作演练

动作一：腰向右转，左脚尖内扣，重心全部移至左腿，右腿提起收至左脚旁，右脚尖点地成右虚步；同时，左右两拳变掌在胸前交叉相合，右手在外，左手在里，两手心朝内，与肩同高；眼向前平视（东南）。（图154）

动作二：右膝向上抬起，脚尖下垂成左独立步；同时，两手弧形向下过膝，然后向两侧分落于两胯旁，手心均朝上；眼向前平视。（图155）

动作三：左腿渐下蹲，右脚向前上一步（朝东南），脚跟着地成右虚步；同时，两掌自前向后、向左右划弧至胯旁向两侧分开，两掌心斜向上；眼向前平视。（图156）

动作四：重心移向右腿，右脚踏实，弓右腿，蹬左腿成右弓步（朝东南）；同时，两臂内旋，两腕翻掌握拳，弧形向前、向上以虎口勾击，两虎口相对成钳形，与耳同高；眼向前平视，眼神关顾双拳。（图157）

图154

图155

四、杨式田架太极拳新编八十一式动作图解

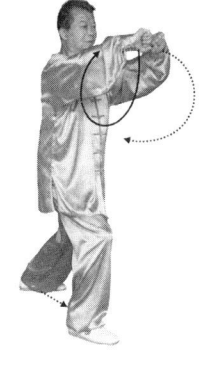

图156　　　　　　　图157

技术要领

①双手向下双分，与右膝上提，传统武术名谓"武松脱铐"，是解决双手被抓握的方法。双手用掌背由下向右膝上提，两者上下同时发力（脱铐势）。

②右虚步时右胯根要内收，上右步时左腿支撑要坐实，身体自然正直，上步平稳、轻灵。

③两手从胯两旁双分下落要含胸、沉气、垂肩、舒松。两拳上举须沉肘，要有欲上先下、欲前先后的折叠转换，全身浑然一体。弓步双合贯拳时，两臂须松肩沉肘，以腕内旋带动前臂弧形上举于两耳成钳形合击，要做到立身中正，贯拳两拳眼须相对，不可低头或上仰，要头容正直，两目向前平视，以静待动。

④贯拳与右弓步要上下相随，要拳到、意到、劲到、气到、眼亦到。

技击用法

①对方用双手抓住我双腕攻我上路，我以双风灌耳的手法，即双手分开，两手外旋翻掌，用掌背粘黏其双手将其引进落空，迅速提膝向上蹬其胸腹部予以化解。

②如对方用双手击我中路，我双手翻掌用掌背粘黏其双手向后引带分解，牵动其重心，速上步用双拳勾击其双耳或头部太阳穴。

37.斜飞势

动作演练

动作一：腰向右转，右脚尖外撇，左脚提起向右脚旁点地成左虚步（朝

77

东）；同时，右手自上而下向左经胸向右划弧内旋翻掌至右胸前，掌心朝下，肘关节略低于腕，左手向左后随即向右弧形外旋翻掌至右腹前，掌心向上，两掌心相对成抱球状；眼向前平视。（图158）

动作二：出左腿，脚跟着地成左虚步，重心渐移左腿，左腿全脚踏实，弓左腿，蹬右腿成左弓步；同时，左掌随转腰自下而上以左拇指领劲向左前弧形挒出，左手掌斜向上与额同高，右手下採至右腰旁；眼先视右掌下採，随向左转腰关顾左掌后，向前平视。（图159、图160①②）

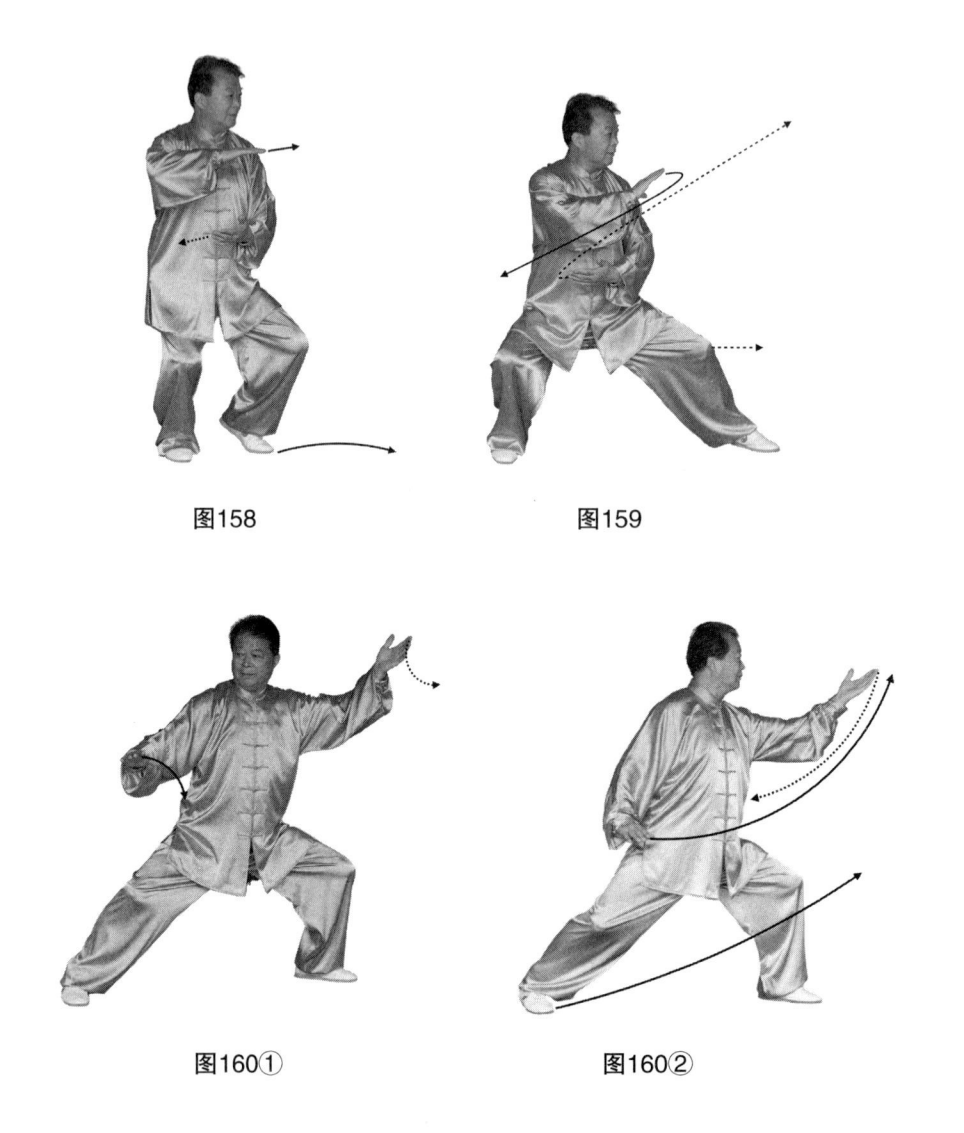

图158　　　　　　　　图159

图160①　　　　　　　　图160②

技术要领

①左脚上步成左弓步时,两臂左上右下须做到手到、脚到、眼到、意气亦到。

②双手合抱为吸气,弓步分掌为呼气,此招式宜采用拳势呼吸,即吸合呼开。达到呼吸深长、内外结合,多练习"气宜直养而无害"的逆深呼吸。不仅能增强健康指数,而且能达到丹田内气充沛,对养生十分有利。

技击用法

①我双风灌耳前击,对方从我左边偷袭,出拳击我右胸,我左手外旋掌背下压向下拦击化去来劲,右手速向下划圆,即挽臂向上、向左用虎口朝其左面部出击。这是抱球势的攻防两用的技击方法。

②对方从(东)正面出拳击我中路,我先用右手採其手腕,身势下沉蓄劲,随即用左挒手击其前胸肋或面部,先採后挒将对方击出。

③斜飞势是一种近身肩靠的技法,两人距离要贴近。左脚踏入对方中门,用肩靠把人击出,如对方退避化解,我顺势用两手双分追击。

38.左右金鸡独立

(1)左金鸡独立

动作演练

左脚外摆45°,重心前移到左腿,右腿屈膝上提,脚尖自然下垂,左腿渐起立成左独立步;同时,左手在胸前向右下划弧至左胯旁,坐腕,掌心向下,指尖朝前,右手大拇指领劲自后而上弧形向前上托掌随屈肘置于胸前,肘尖与右膝尖上下相对,掌心向左前,指尖朝上,与鼻同高;眼向前平视(东),眼神关顾右掌上托。(图161、图162)

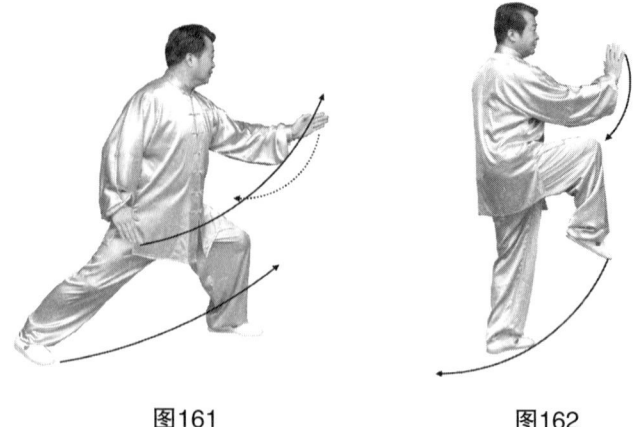

图161　　　　　　　　图162

（2）右金鸡独立

动作演练

左腿屈膝稍下蹲，身体微左转随即右转，身势下沉，右脚下落于左脚右后（两脚横向距离不超过肩宽），脚尖先着地，随着重心移向右腿而至全脚踏实；随即左脚跟离地，左腿提膝，脚尖自然下垂，右腿渐抬起成右独立步；同时，右掌弧形向下搂至右胯旁，坐腕，掌心向下，指尖向前，左手自左胯旁弧形向前、向上托掌随屈肘置于胸前，肘尖与左膝尖上下相对，掌心向右前，指尖向上，与鼻同高；眼先视右掌弧形下落，后向前平视，左手独立托掌时，眼神关顾左手后向前平视。（图163、图164）

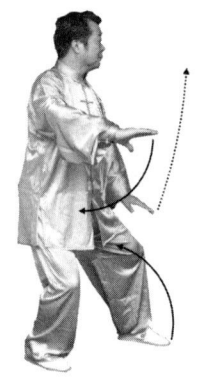 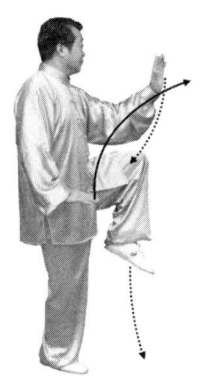

图163　　　　　　　　图164

技术要领

①金鸡独立脚踏实，脚尖微抓地，脚心涌泉穴要微微虚空，站立腿膝关节要微屈，做到曲蓄有余、稳固中正。做到"其根在脚，发于腿，主宰于腰，形于手指"。

②一手向上，手指领劲立掌，做到手指与脚尖上下相对，与另一手在胯旁掌心下按，做到一到俱到，劲贯四梢，掤劲不丢。

③左右金鸡独立势换步时，防止前俯后仰、左右晃动，保持立身中正、不偏不倚。左右金鸡独立，动作、要点和技击均相同，唯左右不同。

技击用法

①接斜飞势（图160），如对方用左腿踢我膝部；我用左手搂开对方之腿，右手向上托对方的喉部，提右膝顶其腹部。如对方后逃，可起脚踢其裆部。

②接右独立势（图161），当我用左金鸡独立技法后，另一人用右拳击我胸部；我左转体落右脚，用右手採住对方的手腕，速向右转体身势下沉，出左手托其肘部擒拿封住，速提左膝撞其腹部，对方后逃则分脚踢裆或蹬腹。

③金鸡独立是以手封打、以膝攻击的一项上下结合比较全面的技法。

提膝进攻。即可提膝进攻对方胸、腹部，如被化解，稍远的即可用起脚蹬，也可用分脚踢。

提膝退让。对方用脚踢我下部，我稍转体用提膝护裆，化解来犯之腿，速侧身用踹腿还击，这也是护裆击裆之用法。

手脚结合。我用手上托对方肘部或封对方喉部，紧接着膝顶、手打、脚踢并用予以攻击，使对方防不胜防。

下踩脚面。我提膝撞击对方裆部，也可提膝向上做佯攻，随即下採，用脚跟重力下蹬对方脚面。这是独立势的进攻和防护之法，可见中国武术既有健身养生方法，又有技击自卫攻防之技法隐含其中。

39.活步玉女穿梭（4角）

（1）右穿梭（东南角）

动作演练

动作一：腰向左微转，身势下沉，左脚向右脚前落步，脚跟落地，脚尖外摆

45°，右腿提起，脚尖点在左脚前成右虚步；同时，左手沉肘落掌，左臂向下外旋经右胸前弧形过腹向左、向上屈臂横掌至胸前，掌心向下，右手向上外旋经左肘关节内侧穿出，向上经脸向右下外旋弧形下落至腹前，掌心向上，与左掌相对，成抱球状。（图165、图166）

动作二：右脚提起向前上一步（朝东南），重心前移，弓右腿，蹬左腿成右弓步；同时，右手向前弧形上举至额前右上方，手心斜向上，左手自胸前向前推出，掌心向前，与肩同高；眼神关顾左掌前推。（图167、图168）

图165　　　　图166

图167　　　　图168

（2）左穿梭（东北角）

动作演练

动作一：左脚尖微外摆，右脚尖内扣，弓左腿，蹬右腿成左弓步，腰向左转，重心移向左腿；同时，左手向左下採至胸前，掌心向下，右臂外旋随转腰弧形向前劈掌，掌心斜朝上，与鼻同高；眼随右掌向前平视。（图169）

动作二：重心移到左腿，腰先向左转即向右转，右腿屈膝收回，右脚向前（东北）上一步，脚跟先着地，然后脚尖外摆，重心前移，右脚全部踏实，左脚提起至右腿前，脚尖自然下垂点地成左虚步；同时，右手沉肘落掌，右掌向下经左胸弧形过腹向右再内旋向上至与肩平，掌心向下，左手至胸前向上外旋翻掌至腹前，掌心向上，与右掌心相对成抱球形状；眼向前平视。（图170、图171）

动作三：身势下沉，左脚向斜前方（东北）上一步，脚跟先着地，重心前移，全脚踏实，弓左腿，蹬右腿成左弓步；同时，左手从右腹前经胸翻掌向前上举至左额前，掌心向前偏上，右掌微向右划弧再向前推出，掌心向前，与肩同高；眼向前（东北）平视，眼神关顾右手。（图172、图173）

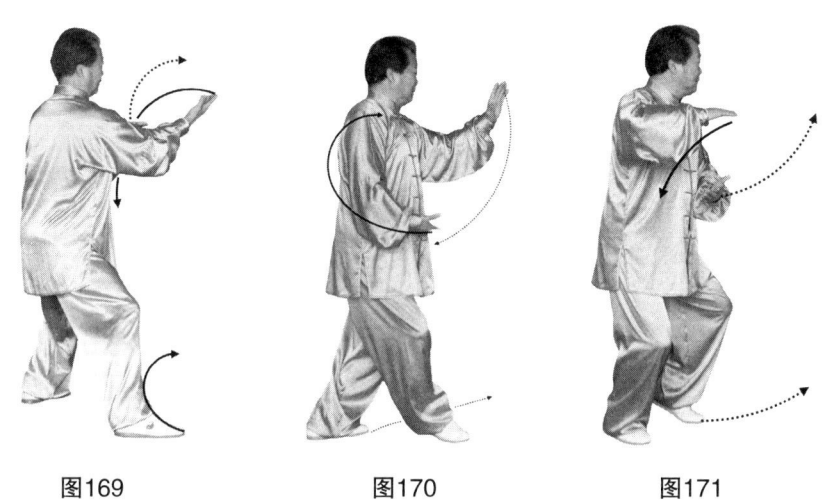

图169　　　　　图170　　　　　图171

图172　　　　　　　　　　图173

（3）右穿梭（西北角）

动作演练

动作一：腰向右转，重心移向右腿，左脚尖内扣，右脚尖外摆，弓右腿，蹬左腿成右弓步；同时，左掌外旋，掌心至额前上方，掌心斜向上，右手向右屈收于胸前，掌心向下；眼向前平视，眼神关顾左掌。（图174）

动作二：重心移向左腿，左脚全部踏实，身体稍左转，弓左腿，蹬右腿成右虚步；同时，左手臂内旋向下随屈肘收至左胸前，掌心向下，右手外旋翻掌收于腹前，掌心向上，两掌心相对成抱球状；眼向前平视（南）。（图175）

动作三：重心移到左腿，右腿提膝收于左腿前，腰向右转，右脚上提外摆；同时，右手稍内旋上提向右上外侧掤至胸前，掌心向里，左手随沉肘掌心轻搭于右腕内侧成左独立右挤势；眼关顾右手向前平视。（图176）

动作四：身体右转90°，右脚向右前（西南）上一小步，脚跟先着地，脚尖随转腰外摆（朝西北），然后全脚踏实，左腿提膝收于右腿后，脚尖自然下垂，双手挤势不变；眼随挤势向前平视。（图177、图178）

动作五：右腿重心稍下沉，左脚向斜后方（东南）撤一步，脚掌先着地，后全脚踏实，弓右腿，蹬左腿成右弓步；同时，右手前伸翻掌，与鼻同高，掌心向下成俯掌；左手外旋顺右前臂下移至右肘关节内侧，掌心向上成仰掌；眼随右手向前平视。（图179）

动作六：腰向左转，重心移向左腿，屈左腿，蹬右腿成右虚步；同时，两掌经胸下捋，左手臂内旋弧形经腹前向左上划弧，屈肘翻掌，掌心向下，与肩同高，右手臂外旋向左下划弧至左腹前，掌心向上，与左掌心相对成抱球状；眼向前平视（西北），眼神关顾两手合抱。（图180）

动作七：向右转腰，重心前移，右脚全脚踏实，弓右腿，蹬左腿成右弓步；同时，右手臂内旋自左腹前弧形经胸向右上至额前右上方，掌心斜向上，左手弧形经胸向前推出（西北），掌心向前，与肩同高；眼向前平视，眼神关顾左掌。（图181）

图174　　　　　　　　　图175

图176　　　　　　　　　图177

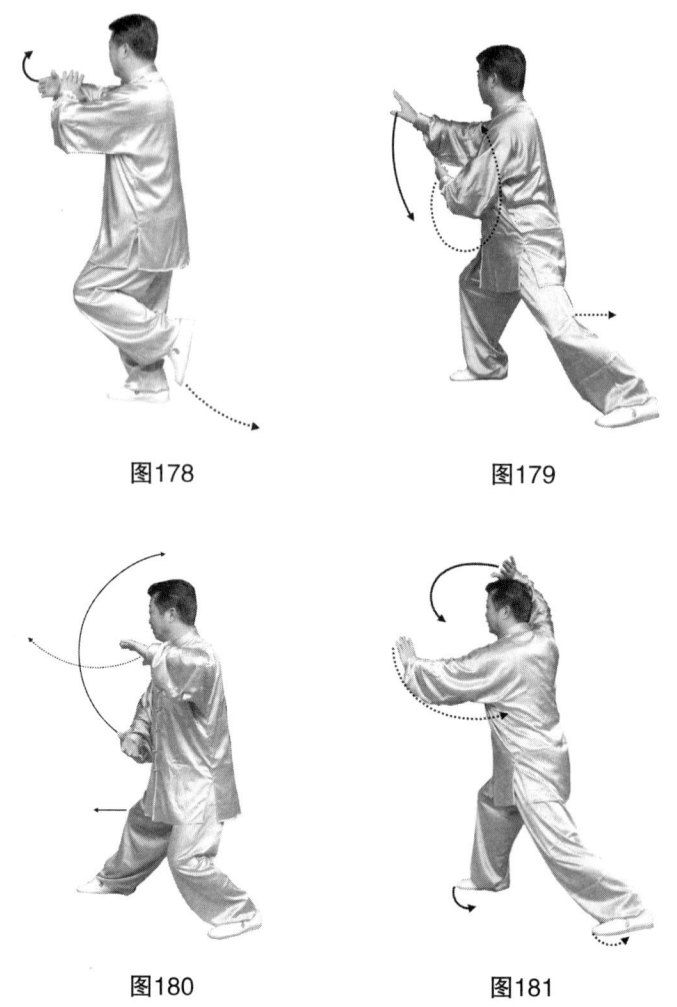

图178　　　　　图179

图180　　　　　图181

（4）左穿棱（西南角）

动作演练

动作一：腰微左转，重心全部移到左腿，右腿自然伸直成左侧弓步；同时，右手臂随转腰屈肘弧形左劈落于左胸前，掌心斜向左上，与鼻同高，左手随转腰屈收于胸前，掌心向下；眼视前方并关顾右手左劈。（图182）

动作二：提右脚，腰向右转，右脚向斜（西南）前方上一步，脚跟先着地，脚尖外摆45°，随着重心渐渐移于右腿而至全脚踏实；同时，左手经胸前向左上

四、杨式田架太极拳新编八十一式动作图解

划弧,左臂外旋向右横劈至胸前,掌心斜向上,与鼻同高,右手向内弧形屈收于胸前,掌心向下;眼视左掌。(图183)

动作三:重心全部移到右腿,左腿提至右腿旁,脚尖自然下垂;同时,右手臂外旋翻掌逆时针由下向上划圈收于胸前,掌心向下,左手弧形向右下收于腹前,与右掌心相对成抱球状;眼向前平视。(图184)

动作四:左脚提起向左斜前方(西南)上一步,脚跟先着地,屈右腿成左虚步;同时,左手向前上掤,指尖向右,掌心向里,与鼻同高,右掌随沉肘收回至右肋前;眼向前平视,眼神关顾左掌。(图185)

动作五:向左转腰,重心移向左腿,左脚踏实,弓左腿,蹬右腿成左弓步;同时,左手臂内旋,自胸弧形向上翻掌,左掌置于额前左上方,掌心斜向上,右手自右肋旁向前上推出,掌心向前(西南),与鼻同高;眼神关顾右掌前推,向前平视。(图186)

注:本套路玉女穿梭由4个角度和动作组成,方位为4个斜角。第一穿梭(右穿梭)方向为东南斜角;第二个穿梭(左穿梭)方向为东北角;第三个穿梭(右穿梭)方向为西北角;第四个穿梭(左穿梭)方向为西南角。其动作均以化为打,转体化打步法灵活多变,是田谱中独具特色的一种传统经典的活步穿梭。

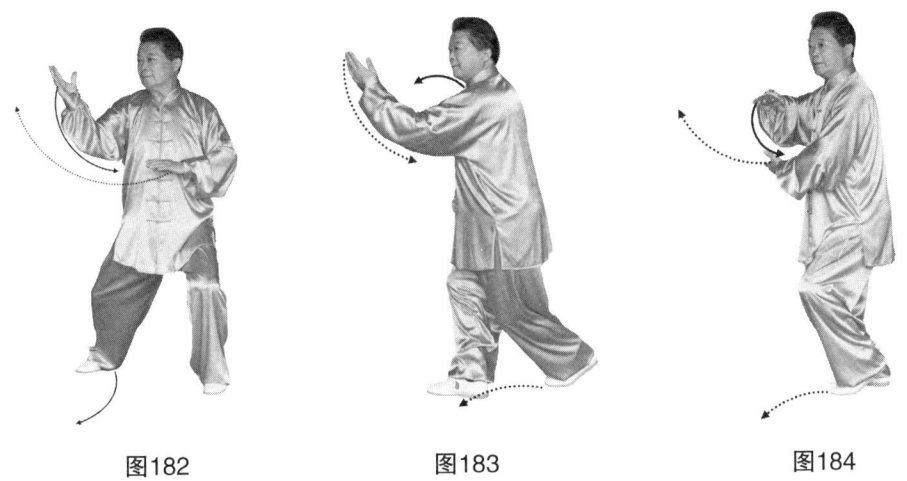

图182　　　　　　　图183　　　　　　　图184

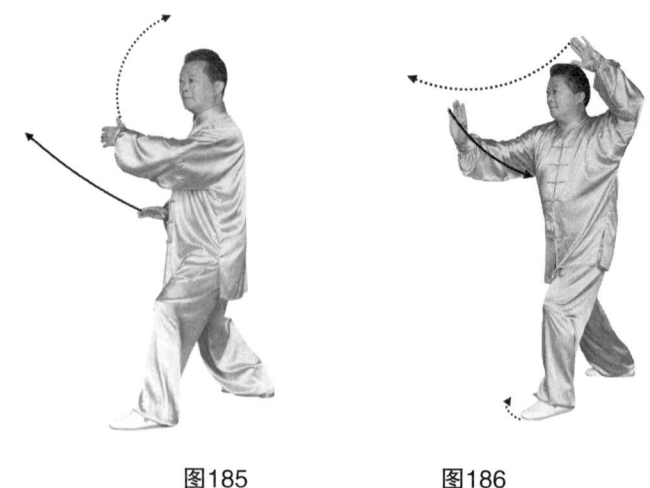

图185　　　　　图186

40.右转身撤步大捋（右採左挒）

动作演练

动作一：腰向右转，重心移向右腿，左脚尖内扣，右脚尖外摆；同时，左手外旋略前伸向前翻掌，掌心斜向上，与鼻同高，右手内旋翻掌，拇指朝下，掌心向外，与左肩同高；眼看左手向前平视。（图187）

动作二：向右转腰，右脚以脚跟为轴，脚尖外摆向右转体270°，左脚离地随转腰落在右脚内侧，两脚平行（南）；身体起立成开立步，步幅略小于肩宽，左手不变，右手外旋，掌心向下；眼神关顾左掌向前平视（朝东略偏南）。（图188）

动作三：右脚提起，身势下沉向后撤一步，右脚尖落地，全脚掌踏实，重心右移；右脚尖随转身外摆，全脚踏实，弓右腿，左脚跟外展，蹬左腿成右弓步（朝西稍偏南）；同时，右手握拳下採至腰际，拳心向下，左手屈臂沉肘转身横挒，掌心向右，手指与鼻同高；眼向前平视（东南）。（图189、图190）

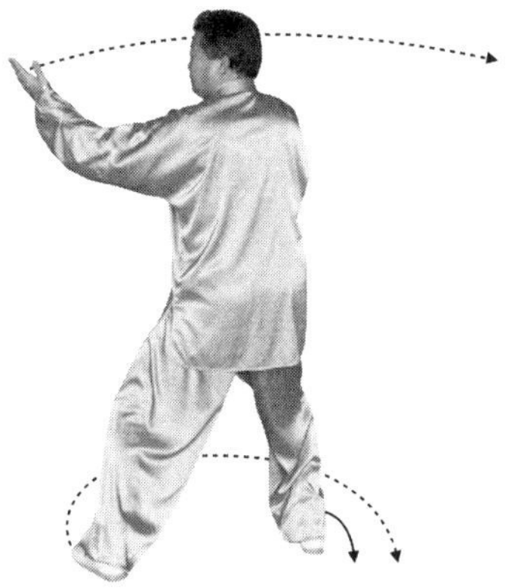

四、杨式田架太极拳新编八十一式动作图解

图187 　　　　　　　图188

图189 　　　　　　　图190

41.左转身撤步大捋（左採右挒）

动作演练

动作一：重心全部移到右腿，左脚提起收于右脚内侧，两脚平行，身体起立成开立步；同时，右拳变掌向右前方托掌，掌心斜向上，与鼻同高，左手内旋收至右肩前，掌心斜向外；眼看右掌向前平视。（图191）

动作二：向左转腰，以右脚掌为轴，脚跟外展90°，全脚踏实，左脚提起向

89

左后撤步（朝西略偏北），随转体重心左移，脚尖外摆，右腿以脚掌为轴，脚跟外展成左弓步；同时，左手握拳下採至腰际，拳心向下，右手屈臂沉肘，转身横挒，掌心向左，手指与鼻同高；眼向前平视（西北）。（图192~图194）

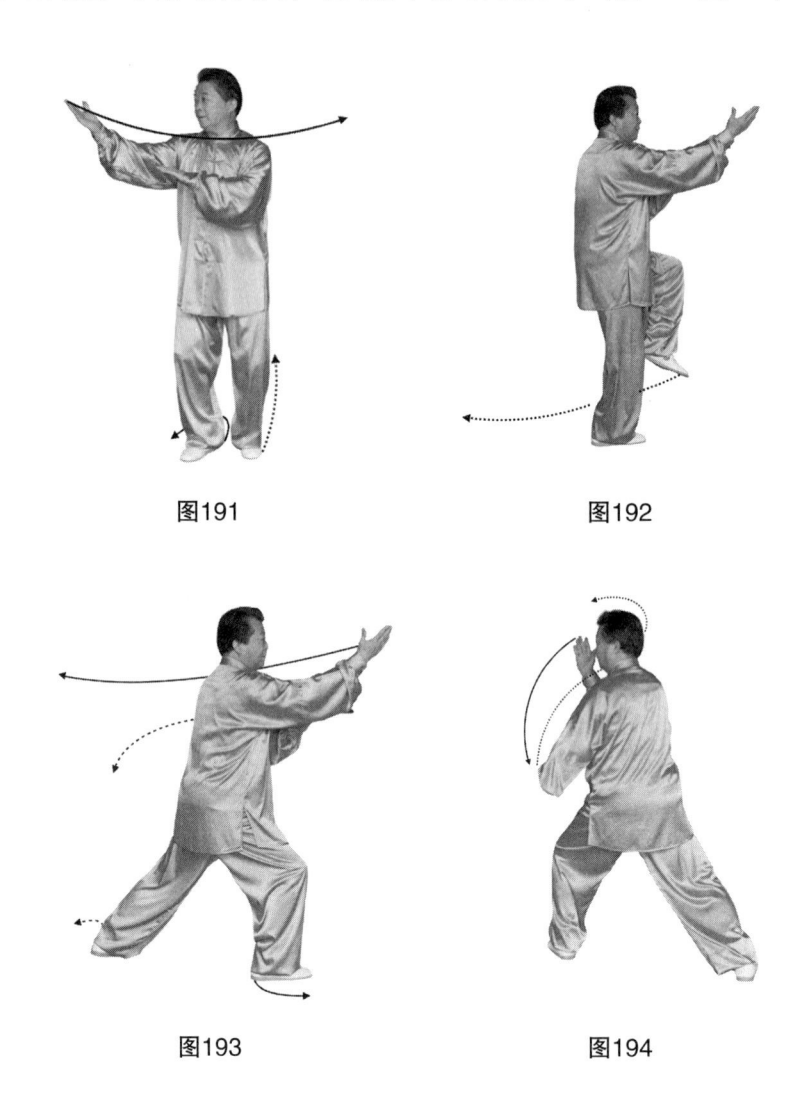

图191

图192

图193

图194

技术要领

左右大挒是快速向后退的撤步转弓步发力，并配合一手向下採劲、另一手横挒发劲相结合的技击方法。此法和倒撵猴不同点是，"倒撵猴"遇到对方较技以退步为主，退中有攻，边退边前击，并向左右化解角度约为45°。而左右大挒法遇对方攻击，我一手採握其手腕，另一手搭抓其肘部，迅速向后转体撤步，并用採劲发力，对方被牵动后，另一手贴近对方用挒劲击之。大将的步法是退步快、角度大，后退的幅度几乎为180°。这是大将招法的特点。《拳论》曰"动急则急应，动缓则缓随"，在较技中视实际情况而变化，方能显示"因敌变化示神奇"的灵活技法。

技击用法

对方出手向我胸部快速进攻，我接其手用採劲并以大将步法向后撤一大步，速转体向后用挒劲朝其向我前攻的同方向顺势下採、横挒击之，左右大将用法相同。

42.十字手

动作演练

动作一：腰微右转即左转；同时，左拳变掌自腰间向上经胸沿右肘内侧向右上穿出，臂内旋向左至额前，掌心斜朝外，右手向左下至腹前，掌心朝下；眼向前平视。（图195）

动作二：左脚尖外摆90°，向左转腰，重心全部移到左脚，腰继续左转，右脚跟稍离地随转体自北向南并扫腿180°，两脚尖朝南，与肩同宽成开立步，腰微右转调整至正南方向；同时，右手臂外旋划弧经脸部屈收于胸前，略前掤，掌心向内，左手臂弧形由上而下经腰往上，左手臂弧形外旋，掌心向内，手腕背合于右手腕，与胸同高，两手双掤成十字手。（图196、图197）

图195

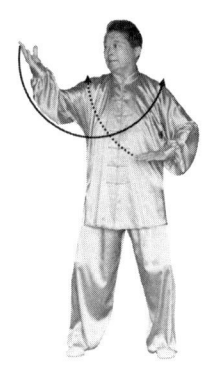
图196

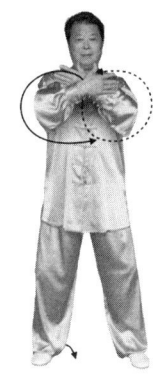
图197

技术要领

①十字手定势之前，两手划弧和扫腿动作，在转腰时做到手与脚同时开始、同时结束，达到上下发力一致。

②以腰为主宰，向左转体后即微右转体，将身体调整至正南方向。两手在胸前略内收合抱成十字手略外掤，此处有抖弹劲。做此动作时要做到虚领顶劲、含胸拔背、两肩松开、两臂舒松合抱，做到合中有开，目光远视，以静待动。

技击用法

①对方左弓步用左拳攻我头部，我左手握其手腕，右手搭其肘部，速向左转体用右脚横扫其左脚，用双手向左发横力把其击倒或击出。

②转体后，我以开立步，两手合抱用十字手沉气含胸以静待动。如对方用双手发按劲攻我两臂，我两脚以开立步，用虚领顶劲、含胸拔背、开胯圆裆，用中定之劲站立，并用十字手合掌，腰脊命门穴后撑、气沉丹田、力由脊发，用十字手发出寸劲将对方击出。

43. 掤（动步）

掤劲

动作演练

动作一：两腿下蹲，腰向右转，左脚尖内扣45°，重心移向左腿，右脚收至左脚内侧，脚尖点地；同时，左手自胸向下左、向上划圆，左手臂内旋屈肘至胸前，掌心向下，右手自上向右下外旋弧形收至腹前，两掌心相对成抱球形状；眼向前平视（西）。（图198）

动作二：右脚向前（西）上一步，脚跟先着地，重心前移，全脚踏实，弓右腿，左腿自然伸直成右弓步；同时，身体微右转，右臂内旋前掤，右掌高与肩平，右肘略低于腕，掌心向内，与左胸相对，左掌经胸向下弧形下採至与左胯平，手指向前，掌心向下；眼视前方，眼神关顾右手。（图199、图200）

四、杨式田架太极拳新编八十一式动作图解

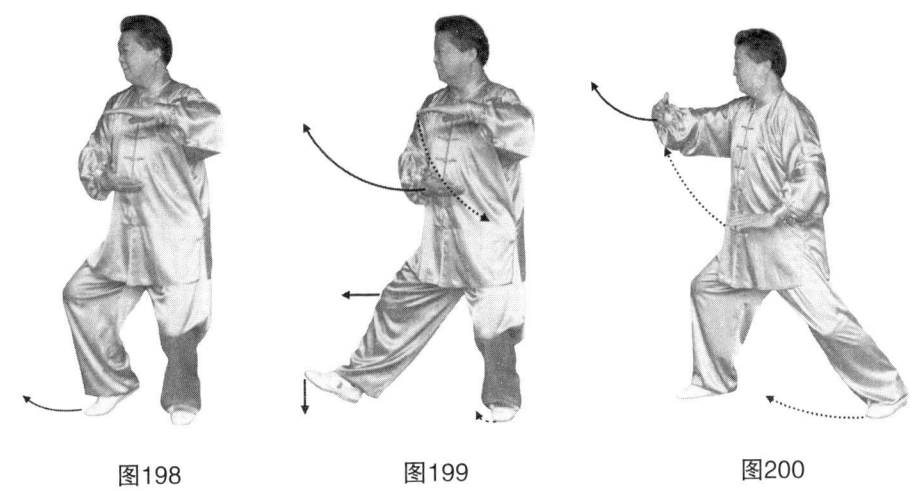

图198　　　　　　　图199　　　　　　　图200

44.捋（动步）

动作一：腰向右微转，左腿提起向前跟进半步，先以脚尖点地，全脚踏实，右脚跟离地，脚尖点地成右虚步；同时，右手内旋前伸，掌心斜向前，左手外旋翻掌，左掌置于右肘关节内侧掌心向上（两手距离30~40厘米）。（图201）

动作二：向左转体，两臂稍沉，并随转体两臂向左后捋，右掌在右胸前，掌心向左，左掌在左胸前，掌心斜向里；眼向前平视，眼神关顾两掌。（图202）

图201　　　　　　　图202

93

45.挤（动步）

挤劲

动作演练

动作一：右虚步不变，身体右转；同时，右掌稍外旋在胸前由外向内划一半圆，屈臂掤于胸前，掌心向内，与肩同高，左掌内旋向右前上方，掌心搭在右手腕上，两掌根相合；眼向前平视。（图203）

动作二：右腿提起向前上一步，脚跟先着地，重心前移，全脚踏实，弓右腿，蹬左腿成右弓步；同时，两手交叉合抱向前挤出；眼向前平视（西）。（图204、图205）

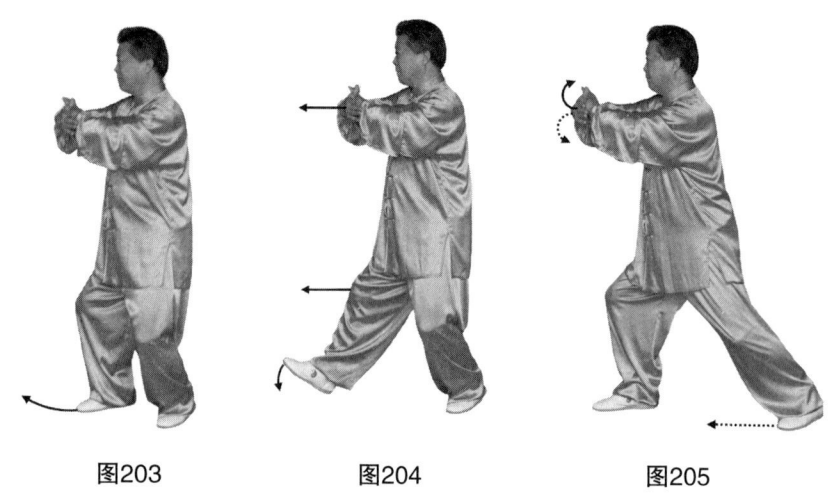

图203　　　　　图204　　　　　图205

46.按（动步）

按劲

动作演练

动作一：左腿提起向前跟进半步，脚尖先点地，重心后移，全脚踏实，右脚尖点地成右虚步；同时，右掌内旋，掌心向下，左掌心经右手背交叉而过，两掌左右分开，两手与肩同宽屈肘略弧形向上收至肩前再下按至胸前，掌心向下；眼

四、杨式田架太极拳新编八十一式动作图解

向前平视。（图206、图207）

动作二：右腿提起向前上一步，脚跟先着地，重心前移，全脚踏实，弓右腿，蹬左腿成右弓步；同时，两手弧形由腹经胸前向前按出，掌心向前，高与肩平；眼向前平视。（图208、图209）

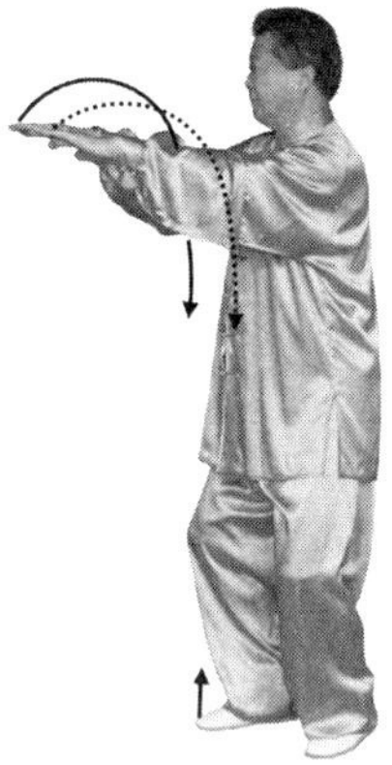

图206 　　　　　　　图207

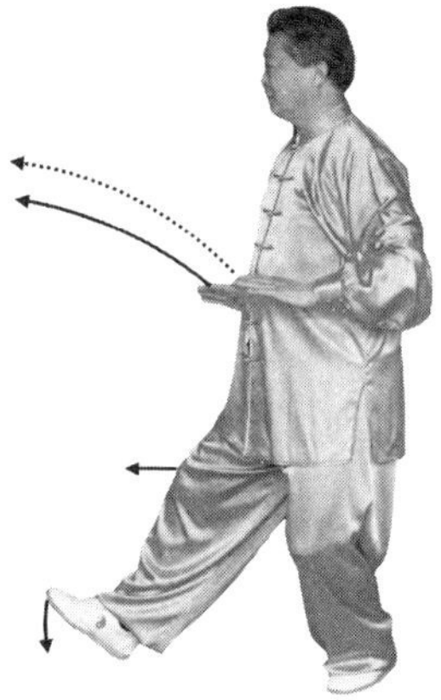

图208 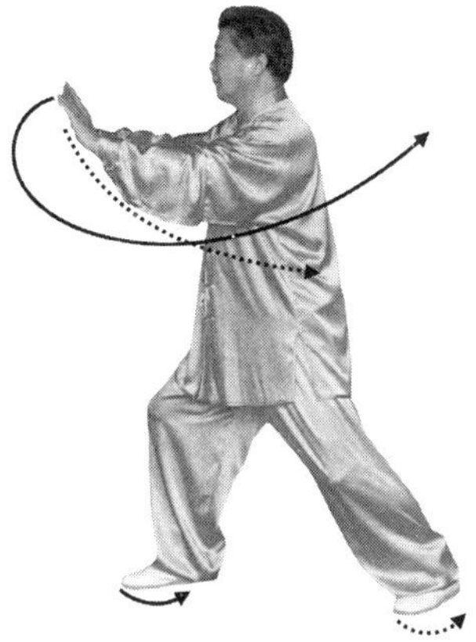　　　　　　　图209

技术要领

①掤劲。掤为太极拳八法之首，掤劲为母劲，"掤手两臂要圆撑"，掤劲作

95

用为掤中有挡、有架，掤中有格和封。掤以肩为根，自肩至肘为上臂，自肘到腕为前臂，腕关节向前为掌指。掤劲主要劲点在肘和腕，掤又分单手掤和双手掤，"掤在两臂"，就是这个道理。

掤手是人体的两扇大门，作用点是圆撑为主，具有向前、向上、含左右格、封、挡等防卫功能。掤劲在人体技击部位处于七星之中，布于全身，正所谓周身皆太极。太极拳的掤劲是似松非松、将展未展的一种弹簧劲。可以把人体想象成一个充气的气球，你用力按它，气球内松退让，你一退回，它即随之反弹，故掤劲亦称弹簧劲，你进我退，你退我进。在推手练习时掤劲可大可小、随屈就伸。大家要加强听劲的练习，做到粘连黏随、不丢不顶，曲伸开合随人而动。这就是太极掤劲在推手中的应用。太极拳的掤劲在较技中通过触觉来发挥其特殊的攻防作用。

②捋劲。捋劲和掤劲发力方向是相反的，掤劲为向外发力，捋劲为向内发力。捋劲是借对方来劲并顺手捋之。捋在两掌，捋又分上捋、下捋、左捋和右捋。使用时，一掌搭在对方肘部，另一掌搭在其腕或手背，两手相距为30~40厘米。对方用劲越大，我越有利于引进使其落空，使对手无可奈何被捋去，"引进落空合即出"，说的就是对方向我进攻，我借其势用捋劲将其引进使其失重落空，并顺势用掤劲将其击出，以小力胜大力，即四两拨千斤。捋劲须随腰腿之劲运到两掌，使用捋劲要有灵敏的触觉，察其之虚实变化。做到人不知我，我独知人。

③挤劲。挤是四正手之第三个手法，在与对方较技时，光靠单手掤劲是不够的，俗话讲"单掤不够，单按加凑"，合成挤劲。这两手合力打出的挤劲，要比单掤大好几倍。因为挤劲是"合双掤为挤"。举一个例：对手将我右手向左后捋去，我裆劲下沉，右手外旋，左手搭在右手腕，两臂圆撑，我稍一转腰，肩、胯上下相对，两手相合，意念朝对手背部将其击出。挤劲是破捋劲的最好方法。挤劲可与其他手法配合，效果更佳。如捋挤相合、掤挤相合、挤按和挤推相合，等等。

④按劲。按在腰攻，前按时腰脊后撑，做到手到身拥。再结合两腿前弓后蹬，来调动全身的整体劲。按可以分为上按和下按，由上而下按出即为下按，由下而上按出即为上按。如对方用双手按我上胸，我双手用前臂粘黏其两臂，即右虚步后坐走上弧形将其重心引进牵动失重，这是按和捋相结合的手法。紧接着我两手双分从上而下即下按，同时出右弓步将其按出。由于按劲在胸前下按使对手

失重，再向前击出，这是按劲与前推相结合的劲，谓按推劲。在双人推手中是一种常用手法。

动步掤捋挤按技击用法

①动步掤法。我以十字手以静待变，对方向我右侧进攻，我右手向下弧形滚压，封其来攻之手，即右转腰用左掌虎口击对方面部或胸部，以双手抱球势以静待动，如对方欲逃，我上右腿成右弓步，同时左手下压，右手向前掤出。用右弓步右掤势把其掤出，以静待变。

②动步捋法。对方出左掌攻我胸，我进左脚半步，同时两手前伸左手搭其腕，右手搭其肘向后捋，将其顺势捋出。

③动步挤法：我用捋势使对方失重，对方收掌后逃，我即进右弓步用挤劲向其追击。以右弓步双搭手成挤劲把其发出，以静待动。

④动步按法：对方用双推掌推击我挤势双臂，我即上步成右虚步用双分手略后坐，双手略上弧形后捋把其两手分开使其失重，如对方向后抽逃时，我上右弓步踏其中门，用按推劲向前将其击出。

47.採（双採）

动作演练

动作一：腰向左转，右脚尖内扣，左脚尖外摆，重心移到左腿，弓左腿，蹬右腿成左弓步；同时，右手随转身向左前横劈，掌心向上与左胸同高，左向左上手经胸腹托掌，掌心向上与肩同高；眼向前平视（东），眼神关顾双手。（图210、图211）

动作二：右脚全脚踏实，左腿经右腿向前迈一步至全脚踏实，脚尖朝南；同时，身势下沉，腰微右转，右手翻掌握拳，拳心向下，左手握拳，拳心斜向上，两手随转腰向右下採，左手採至左胸前，拳眼斜朝上，拳心朝胸，右手採至右腰前，拳心向下；眼朝採方平视。（图212）

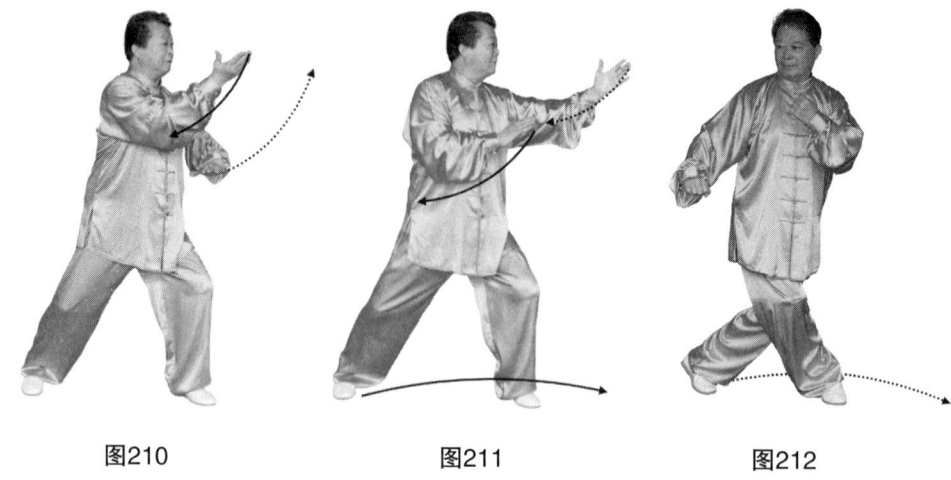

图210　　　　　图211　　　　　图212

技术要领

採在十指。我们在发採劲前，先要用手抓握对方腕、肘等关节，须做到立身中正、沉肩垂肘，腕关节灵活、採握有力，劲点用到指肚和指的末端为着力点，但手心是虚空的。採劲不能死握，应做到十指採劲为实，掌心有虚空之感，做到採手分虚实、掌指含阴阳，较技时才能灵活多变。太极拳是一项"一动无有不动，一静无有不静"的全身运动，它处处有阴阳和虚实之分。

採劲是由外向内、由前向后等方向运劲，採劲不能光靠手的力量，而是用腰胯带动双手，可用一手单採和两手双採。採劲发力不是直来直去，而要略带有螺旋形，但这採劲螺旋劲须用腰走螺旋，使两腿裆劲下沉，两脚踏实，发挥身体中定作用，能稳定自身重心。当双手採劲发出，不能光靠手动，而要做到腰、头、眼须朝採的方向，达到拧腰甩头。两目应朝採的方向而视，并随势及时转移，并为下一挒劲做好蓄而后发。谓之为预动姿势。採劲用腰力发出的力度大、速度快，与挒劲结合，效果更佳。

技击用法

我动步按势朝西把对方按出。在我背后（朝东）有人用右拳向我胸前击来，我速转身成左弓步迎击，即右手握其手腕，左手搭其肘部，速提右腿，右脚45°上步至左脚前踏实，并用两手向右下双採，使其失势而前扑。

48.挒（双挒）

动作演练

左腿向前上一步（东），先脚跟着地，重心前移至全脚踏实，右腿速提起至左脚内侧震脚落地，两脚尖朝东南平行成斜开立步；同时，两拳变掌，向前同时挒出（东），左手掌心向外，与眉同高，右手掌心对左肘关节内侧；眼视左掌后向前平视。（图213、图214）

图213　　　　　　　　　图214

技术要领

挒劲与採劲相反，採劲是由外向里，挒劲则是由里向外发劲，可侧攻、横击，左右、前后，使用面广，挒劲和採劲都是以打斜角为主。由于挒劲发劲速度非常快，干脆利落，防不胜防，使对手有震惊和威胁感，正所谓"挒要惊"。

挒劲发力不是直来直去，带有螺旋劲。本套路第3式为左右横挒手是双手从外弧形向中心运转，是一种典型向心力的技击手法。本套路26式左右云手是以中心向外运劲，用肩靠手挒并用，是一种典型离心力运用的技击方法。

技击用法

我用双採劲使对方失重，对方向后（东）退逃，我速上左脚一大步，并提右脚至左脚旁跟步震脚。同时，双手从下向前、向上，用挒劲击其上体，使其震惊失势。

49. 肘

（1）右横肘

动作演练

动作一：腰微右转，左腿向左进一步成左虚步；同时，右手臂外旋向后屈收至右腰际握拳，拳心向上，左手随转腰内旋屈收于右胸前，然后向右横击与胸平，掌心向下，指尖向左；眼向前平视（东）。（图215）

动作二：腰向左转，左胯跟内收，吸气蓄劲，重心前移，右脚提至左脚旁成开立步；同时，右臂屈肘拳指贴于腹部向左前发力（吐气），身体向左转体45°；同时，左掌合于右前臂发力击响；眼向前平视（东）（图216、图216附图）。

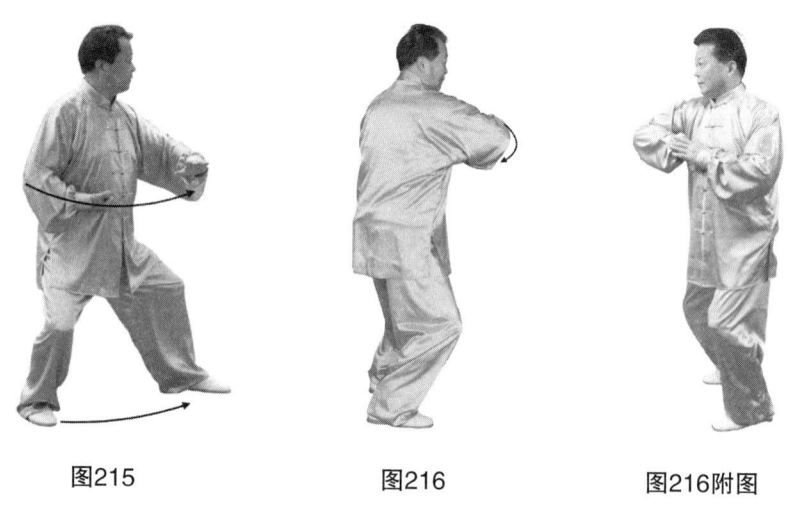

图215　　　　　　　　图216　　　　　　　图216附图

（2）左压肘

动作演练

双脚不变，身体右转45°；同时，右掌在胸前变掌外旋并缠腕翻掌，掌心向上，指尖向前，左手臂向右横肘，左前臂压于右掌上；眼向前平视，眼神关顾左肘。（面东）（图217、218）

四、杨式田架太极拳新编八十一式动作图解

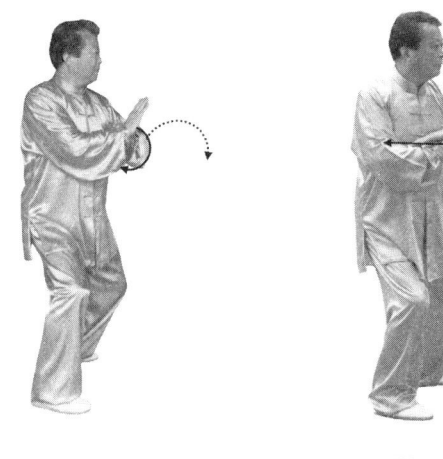

图217 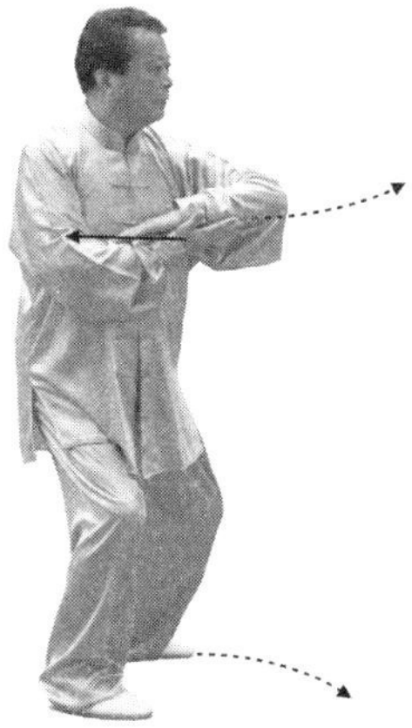　　　　　　　　图218

（3）后穿心肘

动作演练

右脚踏实，左脚提起向前上半步成左虚步；同时，左手自胸前向前平推并与肩同高（东），掌心向前，指尖向上；腰向右微转，右臂屈肘向右后击出，肘尖与心同高，右手握拳，拳心向里；眼先视左掌前推，随转体双目关顾右肘后击。（图219）

图219

101

（4）迎面肘

动作演练

腰向左微转即向右转；同时，右拳内旋，拳心向外，出肘向后上击出，肘尖与眉同高，左手向内屈收，与腰同高，掌心向下，虎口朝右；双目朝肘尖方向而视。（图220）

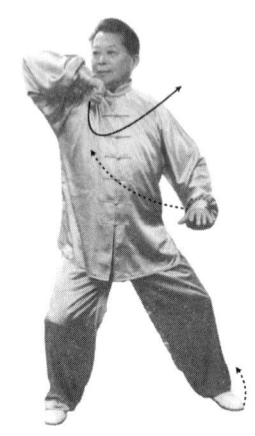

图220

（5）左右开肘

动作演练

动作一：腰向左转，左腿向后退半步，右腿也随之退半步，两脚平行成马步；同时，右拳变掌，右臂外旋经面部至左肩屈收至左胸前，掌心朝下，左手向上屈收于胸前，左手背置于右肘下，掌肘相平。（图221、图222）

动作二：两掌同时变拳，两肘向左右发力，两拳与肩同宽，拳心向下；眼向前平视，意贯双肘。（图223）

四、杨式田架太极拳新编八十一式动作图解

图221　　　　　　　图222　　　　　　　图223

（6）后双击肘

动作演练

动作一：马步不变，两拳变掌，臂外旋，沉肘翻掌，掌心向上，与胸同高。（图224、图224附图）

动作二：两手握拳，两肘过肋后击，拳心相对；眼向前平视。（图225、图225附图）

图224　　　　　　　图224附图

103

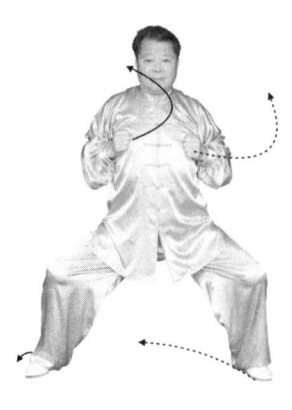

图225　　　　　　图225附图

（7）弓步冲肘

动作演练

动作一：腰先向左转即向右转；同时，两拳变掌，左臂外旋前伸于左胸前，左掌与肩同高，掌心向上，指尖向前，右掌前伸至左肩前再向右后捋至右耳前，掌心朝下；眼向前（东）平视。（图226）

动作二：重心完全移至右腿，腰先向右转即向左转体，提左腿向前滑步，弓左腿，蹬右腿成左弓步；同时，左臂屈肘至右胸前握拳，拳眼与右胸相对，左肘向左前冲出，肘与肩平，右手助推左拳面，并配合吐气，两手合力发出肘劲；眼向前平视。（图227）

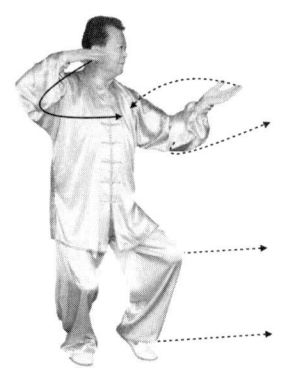

图226　　　　　　图227

技术要领

肘是近身中距离武器，被称为人身的第二道防线。本式有7种用肘的方法，按顺序为右横肘、左压肘、右后穿心肘、右后迎面肘、左右开肘、后双击肘、弓步冲肘。由于肘尖面积小、力量大，在练习中容易使人受伤，因此须点到为止。

肘在实际较技时，要前后、左右兼顾，如用得不得法，被对方一步转身，肘尖落空，造成被对方借力反打。实践训练中，应努力按照太极十三势歌中所提到的"变转虚实须留意，因敌变化示神奇"，加强技击应变和攻防能力，培养运动员独立思考和调控的能力。

技击用法

①右横肘，对方用双按攻我胸，我即上左步迎击，右脚即跟步震脚。同时，先向左转身，我左手下截其右按手，速向左转腰右手变拳，随转身右肘平屈、横击，指捏拢成拳屈腕连在胸部作依托，随转腰向前发出横肘劲。此右前臂连右肘同时发出腰胯力，发力时腰为主宰，双腿开胯圆档。

②对方松开按手，用右手抓我右手，我用左手压住其手腕，随即向右转体，用右手外旋翻掌，擒拿其右腕并用左肘下压其臂横击而出。此左前臂连左肘同时发出腰胯力，发力时腰为主宰，双腿开胯圆档。

③我以左虚步并用左掌击对方胸，另一人向我右后攻击，我速转体握右拳出右肘向后直击对方，谓穿心肘，用肘尖发力。

④我用右穿心肘出肘，对方含胸化解，我即向左转体蓄劲，速握拳向右斜上方出肘，击其面部，谓迎面肘。左掌心下压，与右拳形成对拉之势，力贯肘尖。

⑤左右开肘，是用来对付两人来犯者，以立身中正为前提，我两手同时曲肘，同时向左右开打。

⑥后双击肘，是专门对付背后偷袭者，用双肘击之。

⑦我用后肘向后击出时，左前又一人向我攻击，我即收左脚向前滑步，用左弓步左肘前冲给予反击。

这些动作都应做到立身中正、步法稳固、眼观四方、耳听八方、意贯肘尖。此组肘法，非常适用于群战，尤其要求练习者蓄发结合，蓄劲似张弓，发劲如放箭。

50. 靠

（1）肩靠

动作演练

动作一：重心完全移到左腿，右腿屈膝提起，向下震脚踏实，左脚尖点地成左虚步；同时，右手向下弧形划圈经腹前向上内旋至胸前屈肘，掌心向下，左拳变掌，臂外旋并弧形向左上、向下收于腹前，两掌心上下相对成抱球状；眼向前平视。（图228、图229）

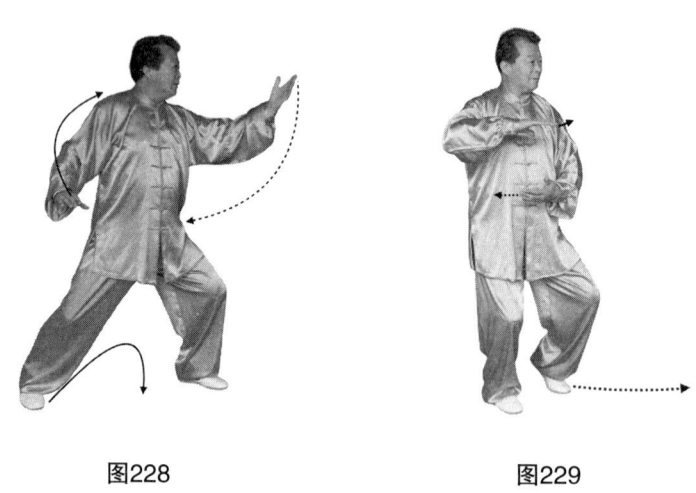

图228　　　　　　　　图229

动作二：震脚后向右转体，身势下沉蓄劲，左脚向前上一步，重心前移，弓左腿，蹬右腿成左弓步；同时，右掌心朝下压掌至胯旁，左手向上至胸前，掌心向上，随左转体拧腰，意贯左肩向前发出靠劲；眼向前平视。（图230、图231）

四、杨式田架太极拳新编八十一式动作图解

图230　　　　　　　　　　图231

（2）胸靠

动作演练

动作一：腰向左转，左胯根内收（蓄劲）；同时，右手上提与胸同高，掌心朝内与胸相对，左手自胸前下落至腹前，掌心仍向上；眼向前平视。（图232）

动作二：腰向右转，以左脚掌为轴，左脚跟外展，重心右移，弓右腿，蹬左腿成右侧弓步；同时，右掌内旋翻掌收至右胸前，掌心向左，指尖向上，左手翻掌，掌心向下，指尖向右，意贯左胸向前靠出；眼向前靠方向平视（面南）。（图233）

图232　　　　　　　　　　图233

107

（3）背靠

动作演练

动作一：腰向左转，重心左移，左脚尖外摆，右脚尖内扣成左弓步；同时，左手不变，右手向右前划弧外旋，经左掌向左前穿出，掌心向上，与腹同高；眼向前平视（东）。（图234）

动作二：重心移于右腿，弓右腿，蹬左腿成右侧弓步；同时，右手内旋向上至额前，拇指朝下，掌心朝外，左臂下落至腹前，掌心向下，指尖向右，意贯右背，向后靠击；眼向前下平视。（图235）

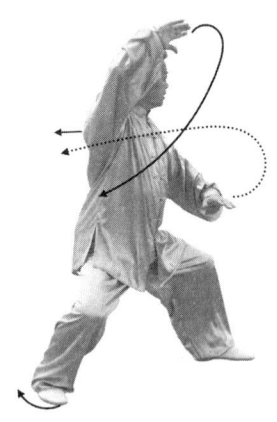

图234　　　　　　　　　图235

（4）胯靠

动作演练

左胯靠：腰先向左微转即向右转，左脚尖内扣，重心移向右腿踏实，左脚提起，重心移向左腿，右脚提起略内收，脚尖点地成右虚步（重心左腿六右腿四）；同时，右手弧形经胸下落于腰前，掌心向下，手指朝前，左手经右手背向右前穿出，臂内旋经脸部向左外展开，掌心朝左前，与眉同高，意贯左胯向左靠出；眼向右前平视。（图236、图237）

四、杨式田架太极拳新编八十一式动作图解

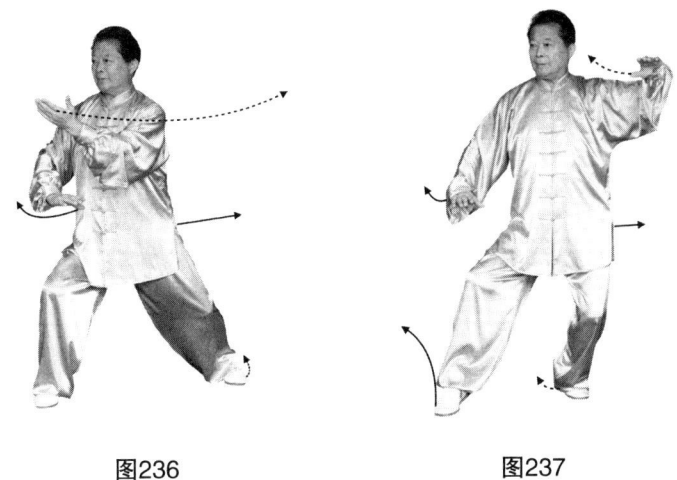

图236　　　　　　　　图237

动作演练

　　右胯靠：右脚略后移，腰略右转，重心移向右腿，左脚提起略内收，脚掌点地成左虚步（重心右腿六左腿四）；同时，左手翻掌，掌心朝上，弧形向右至胸前，与肩同高，右手收于腹前，掌心向下，意贯右胯向右靠出；眼关顾左掌向前平视。（图238）

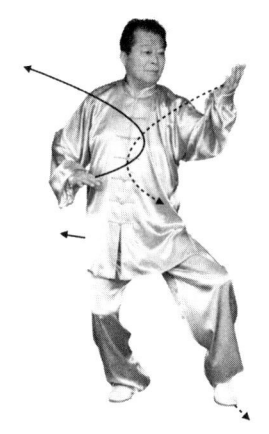

图238

109

（5）马步靠

动作演练

动作一：腰先向右微转即左转，左脚向左前上一步，弓左腿，蹬右腿成左弓步；同时，左手臂内旋屈收于腰间，右手外旋向前出掌（向南偏30°），掌心朝上与肩同高；眼朝右手向前平视（图239）

动作二：右脚提起向右前上一步（朝南偏西），重心略前移成半马步；同时，右手屈肘握拳，臂内旋经脸部向右过腹下摆至体前右侧并向前靠出，右拳拳心向内，拳面向下置于右膝前，左手屈肘前挤，左掌虎口挤于右肘内侧推助挤靠；眼视右前方。（图240）

图239　　　　　　图240

技术要领

肘劲是中距离的发劲手段，是人体的第二道防线，靠劲是已体的近身武器，是第三道防守之技击方法。靠劲是近距离打击，威力大，靠如山倒，这是太极拳近身击发，裆劲下沉，下盘稳固力度最大的一种近身发劲。

靠的用法有多种，经常用的有肩平靠、侧肩靠、分手靠，还有背靠、背折靠、胸靠、胯靠、马步靠等。

肘劲和靠劲都是太极拳推手和搏击中的近距离技击方法。技击的近身方法用"肩、背、胸、胯""以靠为先"，这句话说明近身靠是非常实用的。

如对方用挒势或採劲犯我，我即上步踏其中门，用肩靠出击，也可以三角步

四、杨式田架太极拳新编八十一式动作图解

侧身靠；对方绕我后侧，也可用背靠击之。我蓄劲挽臂引对方进来，对方向后避让，我立即转体弓左腿用胸靠向前击出。如对方从侧面或后面向我贴身来犯，我靠劲崩如山倒。

技击用法

①肩靠，我用右肘前击（接图227），对方仰身避让，即起腿蹬我左胸肋，我左手划圈下击来腿，即上步用弓步出左肩向前靠击如图231所示。

②胸靠，对方从右后向我攻击，我用右手收抱对方上体即向左转体蓄劲，速向右转腰用左肩胸靠击之，如图232、图233所示。

③背靠，对方从左方向我进攻，我先重心左移成左弓步，同时出右指击对方腹部，如图233所示；另一人从背方袭击我，我速重心后移成右侧弓步，左右两臂交叉上下双分，右掌心向外，左掌心向下。意贯右背，用靠劲将其击出，如图234所示。

④胯靠，对方从左侧向我进攻，我左脚后移，左胯对其中心实处，重心移向左脚，左腿踏实，右脚略内收成右虚步，出左胯用胯靠击之，如图236所示。右胯靠的技术要领和技击用法与左胯靠均相同，唯方向不同，如图237所示。

左右胯靠，以左胯靠为例，左脚全脚踏实，谓其根在脚，右脚前脚掌点地，也谓其根在脚，两脚分开吃力，左脚70%，右脚30%。脚的虚实应随拳势变化而虚实阴阳互变。

⑤马步靠，我右手腕被对方採劲前採，我上步同时出右手顺其採劲向前送出、走化，紧接着提右脚向前踏对方中门，同时右手屈肘化解被採之手，右脚进身用马步靠其胸肋将其击出，如图239、图240所示。

51. 劈（双劈）

动作演练

动作一：腰向右转，重心右移，左脚提起收在右脚旁，脚尖点地成左虚步；同时，左手向上置于右肩前，掌心朝右，指尖向上，右拳变掌收至右胯旁，掌心向下；眼向前平视。（图241）

动作二：左脚向左迈一步，重心移向左腿，右脚跟外展，弓左腿，蹬右腿成左侧弓步；同时，左手向上经耳旁弧形向上、向前、向下劈掌，掌心朝内收于腰

间，右掌自后弧形向上、向前、向下劈至腹前，掌心向左；眼向前平视，眼神关注右掌下劈。（图242）

图241　　　　　　　　　　图242

技术要领

双劈掌是继马步靠之后，劈掌之前，腰先向右转，这是腰的折叠、欲左先右，"先右"是蓄劲吸气，"欲左"是为下一步向左转腰劈掌为吐气发劲。拳论所提到"有左必有右、有右必有左"等，这是太极拳的虚实转换和运气吞吐的实践结合。习武者应该很好地掌握。习练时应根据动作结合拳势呼吸，做到蓄发巧妙转换，灵活运用。

技击用法

①对方用左拳击我胸部，我速转体用左手朝其手腕下劈，右手劈其上臂，解脱对方之进攻。

②对方用肘攻我中路，我用左掌劈击其上臂，紧接着出右掌击其头部，使其攻势不能得逞。

52.大鹏双展翅

动作演练

动作一：马步阴阳掌。腰微右转呈马步；同时，两手收至胸前成十字交叉，右手在外，左手在里，掌心向内，两臂向前抖弹；随即放松，两臂内旋，两掌心均朝外，与肩同高，朝前发出抖弹劲；眼向前平视。（图243①、图243②）

动作二：大鹏双展翅。腰微向左转，右手向左下插至左腹前，掌心向内，左手臂上穿至右肩，掌心朝右下；腰向右转，重心全部移到右脚，右腿直立，左腿屈膝提起，脚尖自然下垂成右独立步；同时，两掌弧形向上、向左右展开，掌心向上与眉同高；眼神关注右掌并向前平视。（图244、图245）

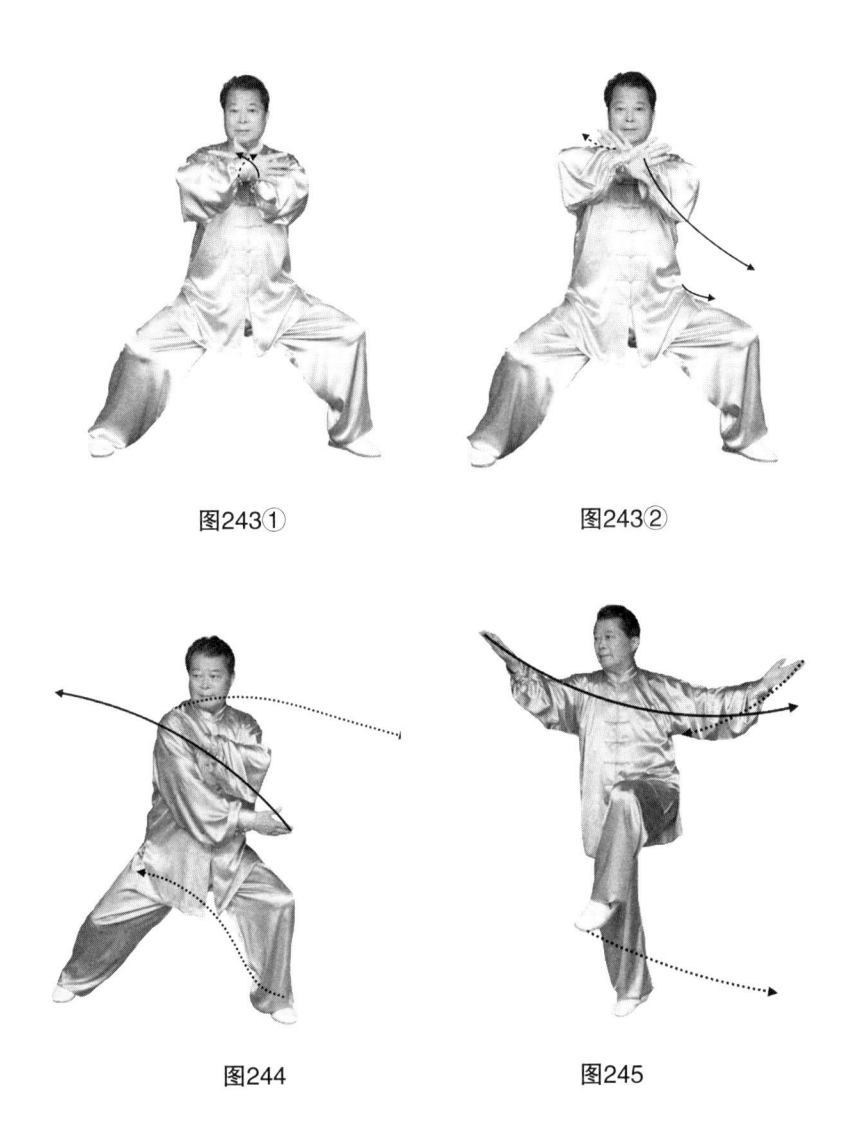

图243①　　　　　　　　图243②

图244　　　　　　　　图245

技术要领

①大鹏双展翅从步型上来看由三个步型转换，从侧弓步、马步又转侧弓步，再转到独立步，这三个步型的变换须做到立身中正、力由脊发，做到转换灵敏。

②由左侧弓步双劈至马步抖弹，应以腰脊先蓄劲内收带动手臂向前击出。此时，向左转腰为吸气，向右转腰为吐气，双手成十字手发出阴阳掌。先以手背发出短劲谓阴掌，再臂内旋蓄劲、即用两掌心朝外为第二次发劲谓阳掌。同时配合两次呼吸，为发劲动作助力。接着，向左转体蓄劲，向右转体成独立步，双手击出再次发劲，随着步型改变，再次蓄发。太极拳发劲运气须做到"以意领、以气运、劲即到"，务求神形结合，做到意领气运劲到。

③变换步法应做到腰腿转换灵活，独立步平稳，身法中正不偏。两掌背向左右击出像大鹏双展翅那样，做到干净利落、大气，展翅后两眼向前，昂首挺立。

技击用法

接双劈掌，对方从右方向我上路进击，我速向左转身避让蓄劲，右转体用马步十字阴阳掌向前合击其胸，并速下沉二次吸气蓄劲，随即向右转体，左腿后蹬，身势上升，成右独立步直立，双手以大鹏展翅居高临下之势迎击其头部。

53.护心出掌

动作演练

动作一：身势下沉向左转体，左脚向东迈一步，弓左腿，蹬右腿成左弓步；同时，右掌向左前划弧横劈，掌心向上与肩同高，左手屈收于右臂下（右肘后侧），掌心向下；眼随转体平视（东）。（图246）

动作二：重心移向右腿，身体微右转成半马步；同时，右手经左掌背屈收至胸前，掌心向斜上，护于心旁，左手经右肘下侧顺右前臂向前方出掌，腕向右内扣，掌心向下，指尖向右；眼先视右横掌，后向前平视，眼神关注左手（朝东）。（图247）

四、杨式田架太极拳新编八十一式动作图解

图246　　　　　　　　图247

技术要领

①右手先向左横击再回到胸前护心，左手开掌，两手应做到护心开掌，逆向对拉。

②左掌用横俯掌前击，应与右后腰背对拉；左手发劲时身体略向右转，运用腰力与左手发劲对拉，达到力由脊发。

③图247定势时为半马步，前腿为四，后腿为六，即四六开。

技击用法

对方向我左侧用直拳攻我前胸，我速转体用右掌拦击其手，并收掌至胸前护心，速用左掌前击其胸。

54.高探马

动作演练

动作一：重心全部移于右腿，右腿稍直立，左腿提起内收，脚尖点于右脚内侧成左虚步；同时，右手弧形向上至右后展开，与头同高，掌心斜向前，左手外旋在胸前翻掌，掌心向上，与肩同高；眼先视右掌再视左掌（东）。（图248）

动作二：向左转体；同时，右掌屈收于耳旁随即向前探出，手指朝上，掌心向前与鼻同高，左手弧形向后屈收于左腰前，掌心向上，指尖向前；眼神关顾右

115

掌向前平视（东），耳听背后。（图249）

图248　　　　　　　　　图249

技术要领

①做动作一时重心后移要坐实右腿，以左胯根内收来带动左脚尖里收点地，以免身体左歪右斜，做到中正不偏。

②做动作二右掌前推时，左掌后收，两掌有前后对拉之劲。同时，两臂呈圆弧形，做到劲起脚跟，命门后撑，松肩沉肘，右掌心向前，两目有专注一方之势，向前探掌，目光远视，呼气而出。

技击用法

如对方从正面攻击我上体，我左掌背粘黏其腕向后引化，随即用右掌击其面部或颈部。

55.退步独立托掌

动作演练

动作一：腰向左转，左腿屈膝提起向后退一步，脚尖先着地，重心后移成右虚步；同时，右手臂外旋翻掌至左肩前，掌心斜向上与鼻同高，左手臂内旋向后收至腰间，掌心向下，指尖向前；眼向前平视，眼神关顾右手。（图250、图250附图）

动作二：重心全部移到左腿，右腿提起向后退一步踏实，重心后移，提左腿，脚尖自然下垂，身势略上升成右独立步；同时，右手臂内旋向下采至腰间，掌心向下，左手臂外旋向前上托掌，掌心向上与鼻同高；眼视左手向前平视。（图251）

图250　　　　　　图250附图　　　　　　图251

技术要领

在高探马前提下，左腿向后退步再右腿向后退步，这两脚撤步后退应做到步法轻灵，迈步如猫行。左脚退步是化劲横捯，右脚退步是以右脚掌踏实，右手为下采，左手向前托掌前击，即为独立托掌，击打部位为对方颈部和头部。

56. 上步虚步托掌

动作演练

重心下沉，左腿向前上一步（偏左30°）踏实，重心全部移到左腿，向右转体，右腿向前上一步，脚跟着地成右虚步（偏右30°）；同时，左手臂内旋下采到腰间，掌心向下，右手臂外旋向前上托，掌心向上与鼻同高；眼神关顾右掌方向（东），耳听背后。（图252、图253）

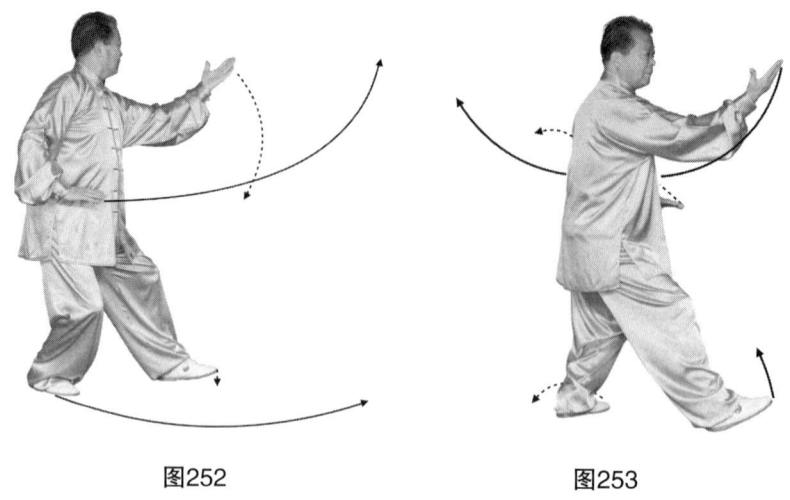

图252　　　　　　　　图253

技术要领

退步独立托掌后即左脚向前落步，右脚随即跟进。同时，手法是左掌向右横格抓握其手腕下采，以右脚跟着地，右手向前托掌击出。此时是右虚步，以右脚跟着地，右托掌与右脚跟应做到上下对拉，同时和左手下采三者同时出劲，应做到三点相辅相成形成一个合力，这样托掌力度加强。

57. 转身弓步托掌

动作演练

腰向左转，右脚尖内扣，左脚尖外摆，右腿朝北略横步，速向左转体180°成左弓步（西）；同时，右手弧形向下过腹向前托掌，掌心朝上与鼻同高，左手掌心置于右臂上方；眼视右掌方向（西）。（图254）

图254

技术要领

上步虚步托掌后即转身180°，转成弓步托掌，在转身时应做到左脚尖外摆，右脚内扣即横步，这个横步与左脚尖外摆和右脚尖内扣须一次性完成，快速方显灵活，身体从东转向为西，步随身换，这是腰与腿的转换，做到合理正确的转换才能得心应手，做到腰、腿、手上下相随，无过无不及。这样才能达到曲蓄，达到内外相合，松沉气顺。

退步独立托掌、上步虚步托掌、转身弓步托掌合称"三托掌"，三托掌转体快速，左右上步灵活，尤其是托掌，十分实用。包括本套路中的双托掌前按，无论是单托或双托，在推手应用中，对方巨力来推我，我用单、双托掌就能化解对方的进攻，这对稳定自身重心，增强中定劲十分有效。

技击用法

独立托掌是退中有攻，以托击对方上路为攻击目标。虚步托掌以进两步前托掌，是向前追击的主动进攻方法。转身托掌在应对背后遭偷袭时，我速转体反击。因此，三托掌是左右前后相连不断的招式组合，是适合群战的独特技法。

58.十字蹬腿

动作演练

动作一：左脚踏实稍直立，右腿提至左腿前成左虚步；同时，右手臂内旋屈

收至右胸前，拇指朝下，掌心向右与鼻同高，左掌沿右臂前置于右腕处成十字交叉；眼向前平视（西）。（图255）

动作二：右腿屈膝向前蹬出，脚跟前蹬与腰同高；同时，左手前推，掌心向前偏右，右手五指捏拢变吊手弧形向右后击出，指尖向下与肩同高；眼向前平视，眼神关注右脚前蹬（西）。（图256）

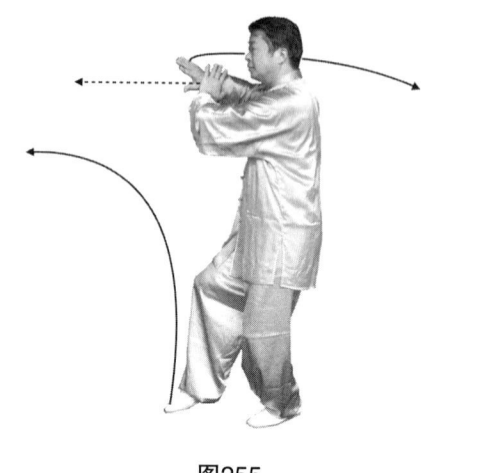

图255

图256

技术要领

①右脚屈膝上提时，膝关节高于脐，身势略升高，左脚独立支撑保持微屈，全脚踏实稳固有力，右脚跟前蹬，脚尖上翘后收，使脚跟前蹬力集中。

②两手在胸前相合交叉做到合中有开，右蹬脚与左手前推，右吊手后击，三者动作屈伸和运气吞吐须做至上下相随、内外相合。

③两手在胸前交叉相合须吸气为蓄为合，两掌双分与右脚蹬出为呼为开，眼神随动作而转移，定势时应眼到、手到\脚亦到，做到两目向前远视，意气到，劲贵长。

技击用法

①我朝东右托掌，对方从我身后袭击，右掌随转体向后用勾手击其头部。另一人同时向我正面来犯，我速提右腿向前蹬出，直击其胸腹部。

②对方朝我正面进攻，我可上引下攻，我手为佯攻，速用脚蹬其腹部。

59.上步指裆捶

动作演练

动作一：右腿收回，腰向右转，右脚向前上一步，脚跟先着地，脚尖外摆，重心前移；同时，左臂向右弧形屈肘下压，掌心向下，手指向右，与腹同高，右吊手变拳弧形向下收于腰际，拳心向上；眼神关顾左掌并向前平视（西）。（图257）

动作二：重心全部落于右腿，腰微右转并提左腿向前上一步，脚跟先落地，腰向左转，随着重心前移而至左脚踏实，弓左腿，蹬右腿成左弓步；同时，左手收到胸前再弧形向前、向下过腹，以半圆形搂过膝前至左胯旁，掌心向下，指尖向前，右拳内旋经腰向前打出，拳心向左与腹同高，随之左手屈收于右肘关节内侧；眼向前平视，眼神关顾右拳（西）。（图258）

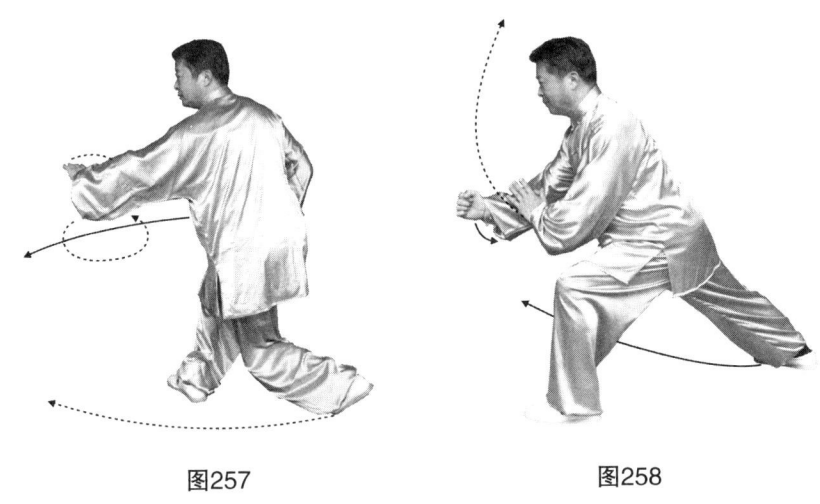

图257　　　　　　　　图258

技术要领

①歇步压掌，此步法是对付对方向我下路进攻，我即下蹲成歇步，再用左手向下压掌化解。下压时身法要略前俯、含胸、收腹，右拳后拉与左手压掌，做到前后协调。成歇步时，做到手与腿协调一致，达到上下相随。

②上左步时，做上步指裆捶时应做到身势下沉，略为前倾。

③前式十字蹬腿要身势中正，指裆捶则是松胯下沉的低架，这两式要体现出高低有序，方显精彩。

注：从十字蹬腿到左搂膝指裆捶，左手的高度从十字蹬腿时与肩同高，到右脚尖外摆左手下压时与胸同高，再到左手随转腰内收下压与腹同高，其左手的变换为高（肩）、中（胸）、低（腹）。当右捶向前打出时，左掌置于右肘关节内侧，这个拳架与搬拦捶出捶相同。搬拦捶其作用主要是击胸，眼向前平视；而搂膝指裆捶，是以攻击对方腹部和裆部为主，出右捶时，眼先视左手搂膝，再向前下视右捶击出。这些要求及动作的变换要在练习中细细体悟。

在整套太极拳中有海底针、栽捶、指裆捶、下势等动作，其进攻目标为对方的下路，身法须略为前俯折腰，但要"中正不偏"，又稍具"中正之偏"。因拳势需要做到百会、命门、会阴三者一气贯通的"中正之偏"，以助于劲力的加强。如吴式太极拳就是按这个拳理形成了"斜中求直""中正之偏"之风格，这也是符合力学原理的。杨式太极拳是以立身中正、舒展大方为基本风格，也是养生为本的基础姿势，这已是不争的事实。田式太极拳出捶，在运用时拳是松握，到达时拳渐渐紧握成捶，且意念不断加强并运用到拳面，使出拳从虚到实，虚实相变。另外，还强调拳前击到达时两腿须前弓后蹬，做到手臂与腿脚逆向对拉，并用意念把脚的蹬力传递到腿、腰、肩、臂、手、掌和指。正如拳论所述的"其根在脚，发于腿，主宰于腰，形于手指，由脚而腿而腰，总须完整一气"。

技击用法

我十字蹬腿击对方时，对方速后退一步化解，并立即用左拳击我腹部；我右脚收回落地，速拧腰压掌下击将对方来拳化解。对方接着出右脚踢我左膝；我左掌蓄劲内收，即向前搂膝化解，随即用左弓步出右拳向对方裆部击出。

60. 截掌仰拳

动作演练

动作一：腰微左转即右转，左脚尖略外摆，重心全部移至左腿，身体直立，右腿屈膝上提，脚尖自然下垂成左独立步；同时，左手屈收经胸向左、向上弧

形至头前亮掌，掌心向前，右拳屈收于腰间，拳心向上；眼向前平视（朝西偏北）。（图259）

动作二：右脚向右前45°上步（朝西偏北），弓右腿，蹬左腿成右弓步；同时，左手下截至胸前，掌心向下与胸同高，指尖向右，右手向上经左掌背向前穿过，与鼻同高，拳心斜向上；眼向前平视，眼神关注右拳。（图260）

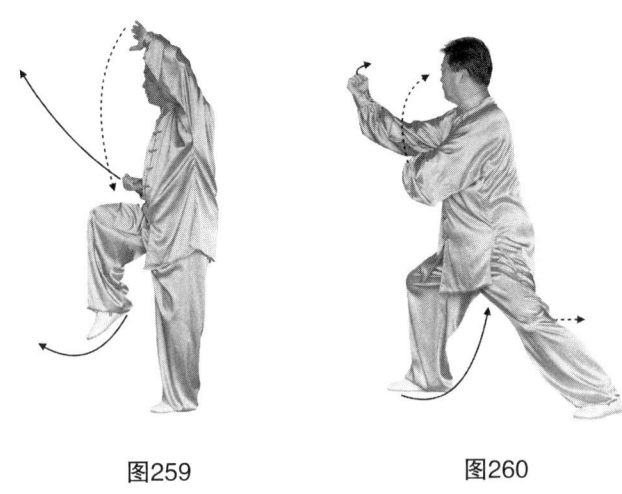

图259　　　　　　　　图260

技术要领

①截掌仰拳主攻方向直指前方（西北），此拳势前攻向下截掌做到收腹拧腰和截掌三者一气呵成，右弓步与仰拳两者同时到位，做到截掌拦击，仰拳上击，步到拳到，上下相合，干净利落。

②独立亮掌握拳为吸气，弓步拦击，仰拳前击为呼气，这一吸一呼与动作相结合是谓拳势呼吸。

说明：截掌仰拳方向为西北角，为了读者视线清晰，故偏于左侧，读者练习时出腿方向为45°斜角。

技击用法

接上势指裆捶，对方意从右前向我胸部攻击，我即向右转体含胸举左掌，右拳收于腰间，蓄势待变。对方拳攻至我胸前时，我以左手落掌，下截破之，随即上右步，出右拳以右弓步前弓后蹬之劲用仰拳击其头部。此动作须注意左手下截干脆有力，右手仰拳向前、向上击对方头部。

61.朝阳手

动作演练

动作一：重心后坐，左脚踏实直立，右腿屈膝提起并收于腹前，脚尖自然下垂成左独立步；同时，左手向左弧形上举与眉同高，掌心斜朝下，右拳变掌弧形向下略内收于胸前，与肩同高；掌心朝上。（图261）

动作二：身势下沉，右脚向前上一步（45°西北角）成右弓步；同时，两手在胸前划弧从左向右前发出，右手与眉同高，掌心朝前下，左手随右手而发，掌心斜朝上，置于右肘关节内侧；两眼向右前上平视。（图262）

图261　　　　　　图262

技术要领和技击用法

①朝阳手发力时，身势下沉，两腿做到开胯圆裆，步法稳固，形成一个整体劲，用腰力发送两手前击。

②上式截掌仰拳出右弓步前攻对方头部，对方侧身避让，即用左脚横蹬我右膝，我重心后移提腿避让。同时，对方用右掌击我头部，我用双手自头前划圈化开其手，并出右弓步，双手向前上用朝阳手击其头部和颈部。双手主攻部位，是右手击对方之头，左手击其胸。

如图260所示，即右掌腕内旋，左掌腕外旋，独立步，右脚上45°斜角，两手指正对西北角。达到手法、步法、眼法俱到，两目远视。本式朝阳手和上式截掌仰拳的呼吸、步法是一样的，唯手法不同。两手向左划弧为蓄势，两手向右前击出为发力，这个蓄发是短促的发劲，全靠腰腿之力运用到两掌。这是一种看左打右的方法，要注意腿法和腰力的密切配合。

说明：上式截掌仰拳和朝阳手都是右弓步45°，双手发力方向也是45°斜角，在拍照时，为了视线清晰偏于左侧，练习时应按斜角练习。

62.连环腿

动作演练

动作一：重心全部移向右腿，右脚踏实直立，向左转腰，左腿提起，左脚向右前（西北）勾踢，脚尖向上与腹同高；同时，两手握拳向左方下採；眼向前平视。（图263）

动作二：向左转体，左脚屈膝落于右脚左上侧，脚尖朝南踏实，右腿提膝屈收于左腿旁；同时，两拳变掌，两手在胸前相合成十字交叉，右手在外，左手在里，两掌心均朝内；眼向西平视。（图264）

动作三：上体向左倾斜，右腿用横蹬脚蹬出（向西），脚尖朝南与胯同高；同时，两手在胸前握拳，向左右双向击出，拳心向下与肩同高；眼向前平视。（图265）

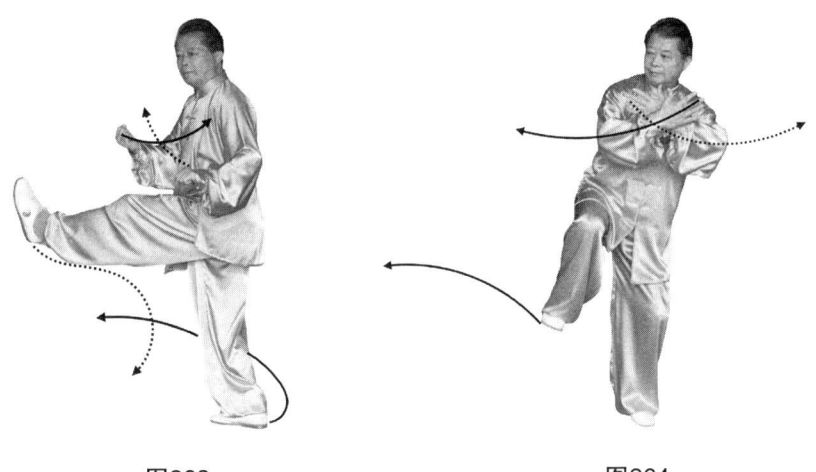

图263　　　　　　　图264

图265

技术要领和技击方法

连环腿是由两种腿法组成的。一是左踢脚，二是右侧蹬腿。

①左踢脚与两手下採，手脚是同时发力，做到双手下採侧身勾踢快速有力，是一种逆向对拉的发劲方法，使对方被勾踢倒地。

②右侧蹬腿在动作转换过程中顺势转腰，上体左斜（避让），速屈膝收脚为"蓄气"，前蹬为"吐气"。同时，两手合为"蓄劲"，变拳左右双分为"发劲"。做到手和脚同收同发、上下相合，而双手左右发力为侧身独立蹬腿起到平衡和助威作用。

63.双截掌

动作演练

腰先向左微转即向右转，右腿屈收，右脚尖点地成右虚步；同时，右手向下划弧经腹向上至肩前，与左手平行时，双手同时弧形向上、向前、向下截掌（朝西），先以两掌相对内旋下截，落于腹前，掌心向下；同时，左腿后退半步，眼向前平视（西）。（图266、图267）

四、杨式田架太极拳新编八十一式动作图解

图266　　　　　　　　　图267

技术要领和技击方法

①上势连环右侧蹬腿时，身法向左倾斜，一是躲避对方攻击，二是出腿保持身体平衡。转双截掌时，身法保持中正，身体先向左微转即右转。

②接做双截掌，此式双手至头前向下截时先以两掌相对，再臂内旋落于腹前，这样两手掌劲走螺旋，使双掌下截力度加强。

③双手随腰向左微转时为蓄劲吸气，双手随腰向右转即向下截掌即吐气发力，呼吸是与动作相配合的，即内外相合，手与腿应做到上下相随。拳论中明示，如能使呼吸与动作紧密配合，就能灵活，这就达到上下结合、内外相随。做到身在转动、神气结合、圆活无滞。

64.上翻花

动作演练

立身中正，右腿提起向前上一步，弓右腿，蹬左腿成右弓步；同时，两手臂外旋屈收再经两肋至胸前向上、向前握拳翻出，拳心向内，拳背向外与鼻同高；眼向前平视，眼神关顾双拳（西）。（图268）

图268

65.下翻花

动作演练

右脚外摆,左脚提起向前上一步,弓左腿,蹬右腿成左弓步;同时,两拳屈肘内旋经胸向里、向下至腹前再向外、向前翻出,拳心向下,拳面向前,与腹同高;眼向前下平视。(图269、图270)

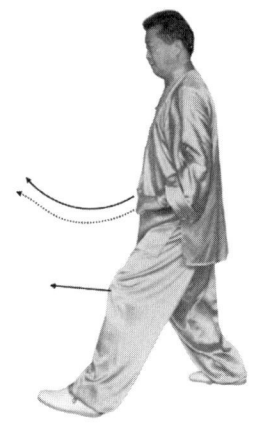
图269

图270

技术要领和技击用法

①两臂屈肘弧形向前、向上翻出,谓"上翻花";两臂屈肘弧形向里、向下、向前翻出,谓"下翻花"。两臂屈肘上翻和下翻须做到两臂自然放松,尤其是两腕关节应舒松灵活,两拳过路内翻为柔,握拳外翻为刚,拳论所提到的"柔过路、刚落点"。拳向前击出应做到由松到紧,深涵刚柔互变和柔中寓刚的变化,应灵活运用。

②这上下翻花是典型的"一身备五弓"。所谓"五弓"即身体脊柱骨为一大弓,两手臂为二弓,两腿亦为二弓。以身体脊柱为统领,以腰为主宰,命门后拉,裆劲下沉,带动四弓达到五弓合一对准一点,形成合力同时发出。武禹襄拳论讲得很透切,"由脚而腿而腰,总须完整一气"。达到五弓合力击一个点,这就是太极拳的整体劲。

③从技击角度来讲,上翻花两手臂内旋,由里向外、向上发劲是攻对方中路和上路;下翻花两臂内旋由内向下、向前发劲是攻对方下路。

④此式的明显特点为均以腕关节带动两拳,上翻花是由腕关节向下、向内、向前上握拳翻出前击;下翻花是由腕关节向内、向下、向前握拳翻出,腕内收为蓄,外翻为发,由腕关节带动两拳有蓄有发,阴阳互变,此式对活动腕关节非常有利。

66.双击掌

动作演练

动作一:重心全部落于左腿,身体直立,右腿屈膝提起(膝蹬)成左独立步;同时,两拳变掌收于胸前成十字手交叉,右掌在外,左掌在里,两掌心朝外,两手自胸前向上至头前臂内旋,向左右做扇面形双分,与肩同高,手心向外,指尖向上。(图271、图272)

动作二:右腿向下震脚成开立步;同时,两手臂外旋沉肘,两掌屈收于胸前双合,两掌同时向中心双击,两掌相距约10厘米,掌心向上与肩同高。眼向前平视,眼神关顾两掌在胸前向中心合力双击。(图273)

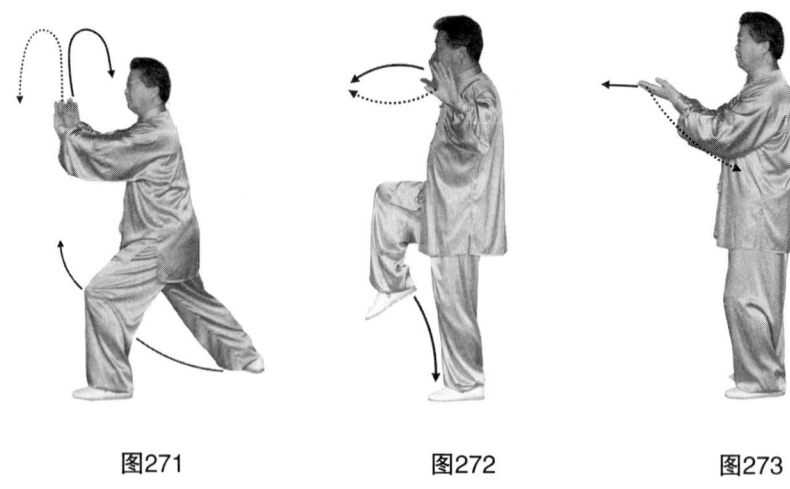

图271　　　　　　图272　　　　　　图273

技术要领和技击方法

下翻花两拳在腹前用抖弹劲发出时，上路头部成为空当，如对方趁机用双峰贯耳击我头部太阳穴或双耳，我速将双拳变掌屈收于胸并向上过头将对方双手向外格开；同时，右腿屈膝提膝前蹬，速向下震脚，下踩对方足弓；双手自上向外、向里发劲，掌心朝上，劲贯于两小拇指掌缘，两掌朝中心合击。双击掌攻击部位可为颈部和双耳，也可为两肋。

67.连环指

动作演练

动作一：开立步，腰微向左转；同时，左手收于腰际，掌心向内，右手平行前伸，掌心向下，掌指向前与鼻同高；眼向前平视。（图274）

动作二：腰向右微转，右脚尖略外撇，左腿提起向前上一步，脚跟先着地，重心前移，弓左腿，右腿自然伸直成左弓步；同时，左手平行前伸，掌心向右，掌指向前，与鼻同高，右手屈收于左肘内侧，掌心向左，右手再平行前伸，左手屈收于右肘内侧；眼向前平视（左右两掌指相距约15厘米，连续向前发劲不少于3次，不超过5次）。（图275~图277）

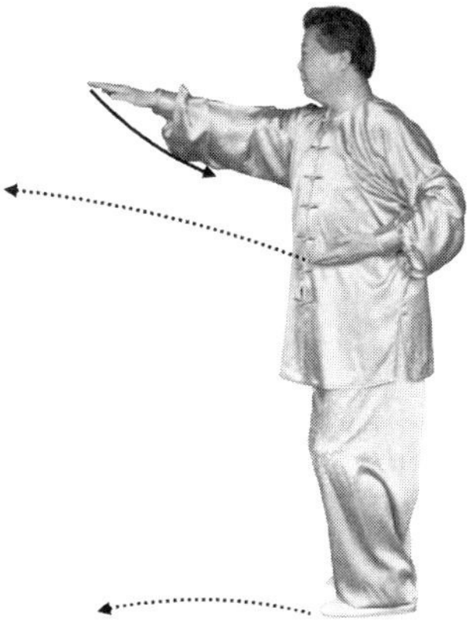

四、杨式田架太极拳新编八十一式动作图解

图274 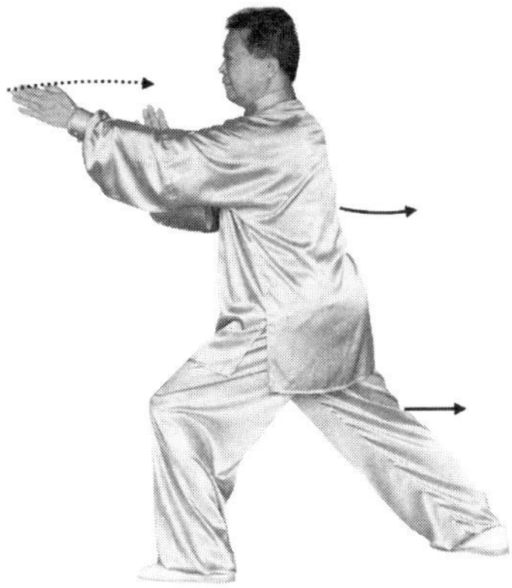　　　　　　　　　　图275

图276 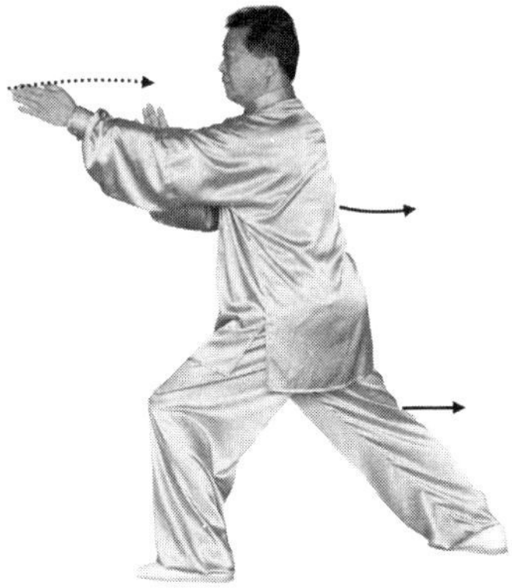　　　　　　　　　　图277

技术要领和技击用法

①指技攻击面积小、进退长度长、速度快、威力大，在杨式太极拳拳谱中指法少有显露，却在招法中暗藏指法：如左穿掌、白蛇吐信即翻掌出指，如单鞭下势以左手手指向前穿出等。本套路"连环指"左右两手连续出指前穿，均充分发挥掌与指多变的技巧。把指功作为攻守随势即可变招；用丹田气直达手指，以心行气，以气运指，效果好，意念强，在演练时，灵活运用。经常运用腕、掌、指功的技击和技巧，能锻炼大脑的快捷反应，熟练掌握手法和指技各个关节灵活变

131

化的要领，无论练习还是实战较技中都大有用处。

②本套路中连环指先以开立步右手向前出指，掌心朝下。再上左弓步两手掌心相对以立掌连续出指前击（3~5次）。"连环指"的熟练运用须在虚领顶劲带动下，松开两背两肩，使丹田内气直通背、肩、肘、直达手指。在意气贯通下使指肚气血充足，内劲直达手指，做到以心行气，以气运身，劲贯指梢。

③"指"在太极推手中可灵活应用。我用搂膝推掌前推时，对方后坐含胸化解，此时我出指点击破其含胸。因指法进攻长度大于立掌，是破解含胸的有效方法。

④指技的优势在于攻击的长度大于拳及掌。技击中在本人遇紧急危害时，出指点击对方要害之处，可遇危急解。在使用指技时需注意安全，点到即止。

68.插步扬鞭

动作演练

动作一：重心后移成左虚步；同时，左手前推，掌心朝前，右手屈肘后击。（图278）

动作二：向右转体，重心后移，右脚尖略外摆踏实，左腿提起经右脚向后插一步左脚尖点地；同时，右臂内旋，右掌经胸后五指捏拢成吊手向后击出，吊手与鼻同高，左手随右手屈收至右肩前，掌心向内；眼视吊手向前平视（东北）。（图279、图279附图）

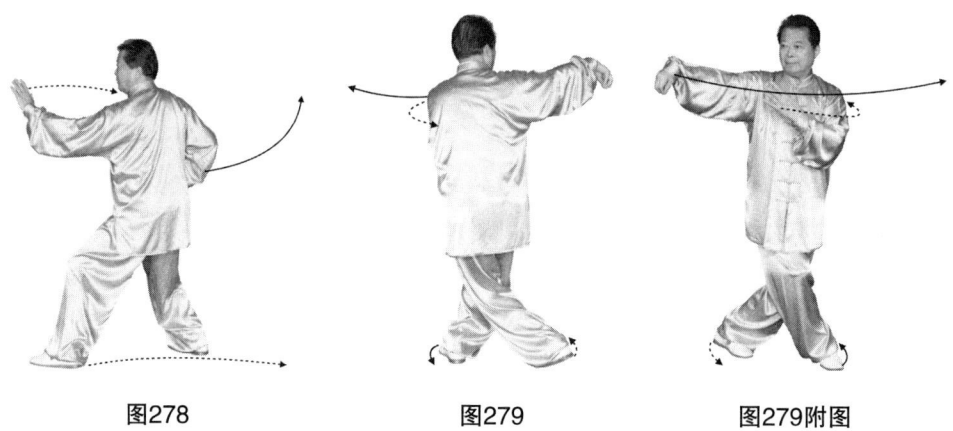

图278　　　　　　图279　　　　　　图279附图

技术要领和技击用法

①上式"连环指"转到下式"插步扬鞭"这两个招势,是适宜群战自卫攻防的方法。对方从背后向我袭击,我速向后转身,右手屈肘后击,对方退步避逃,我插步出鞭反打,在反打时,必须做到随腰转动,以腰为主宰,转身出鞭通过腰脊带动肩、肘、腕、指的各个关节,像鞭子一样不仅灵活而且松弹有劲。

②在转身之前要配合吸气、蓄劲,出鞭向后打出要转腰吐气,无论是练拳架,练推手、对练,或较技都应做好动作、意念与呼吸的配合。拳论提到"能呼吸就能灵活",就是强调"内外相合"。掌握好呼吸并用意念去引导动作,才能不断提高太极拳水平。

69.转身单鞭

动作演练

动作一:向左转体180°,右脚尖内扣,左脚跟内展,左脚尖点地成左虚步(胸朝东南);左右手形不变(朝西南);眼向前平视。(图280)

动作二:腰向左转,左腿提起向左前上一步(朝东),重心前移,弓左腿,蹬右腿成左弓步;同时,右手松肩,右吊手下垂与右脚跟相对,左手臂内旋向前推出,与肩同高;眼向前平视(东)。(图281)

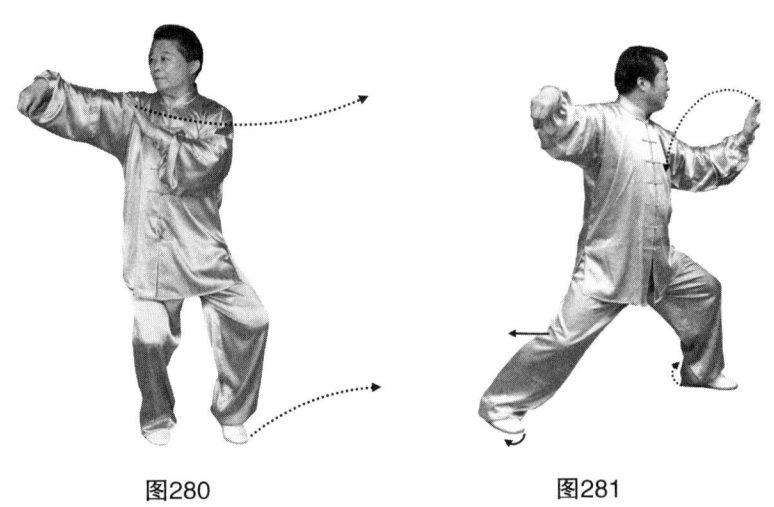

图280　　　　　　　图281

技术要领

从插步扬鞭转体180°向东出步成左弓步单鞭时，右脚尖尽量内扣使转体后坐，达到动作轻灵，然后做到右脚踏实平稳，这样出左腿就能顺遂沉稳。在拳论中明示"进退须有转换"，太极拳在转身转换时须做好腿的转换；有的太极拳著作中把转腰写成转关、转体，其实均以腰脊转动带动手、腿发出整体劲，来说明腰为主宰的重要性。

技击用法

①单鞭一手出二招，可一架一发：转体以左掌拇指腕部之劲架开对方来劲，随左弓步前弓后蹬，左臂内旋翻掌向前击出。

②单鞭一手出二招，可一勾一击：对方用左拳击我胸，我用右吊手勾开来拳，速用左掌击其胸部，此谓化、打并用。

③在群战时，右侧有人来犯，我用右臂划弧化解随即用吊手击其脸部；左路又有人进攻，我用左臂架开，上步翻掌击其胸部。

70.斜身下势

动作演练

向右转体，重心右移，右脚尖外摆踏实，左脚以脚掌为轴，左脚跟向左外转，右腿屈膝，身体左转，斜身后坐成右低虚步；同时，左手经胸腹弧形屈肘下压成仆步，左掌背置于左腿旁，掌心向右下，右吊手略向后拉伸；眼随左前臂下压向前平视。（图282、图283）

图282

图283

四、杨式田架太极拳新编八十一式动作图解

技术要领

①当腰微右转，右脚尖外摆，重心移到右腿，右腿下蹲成左低虚步时，要用右转腰来带动左手臂沉肘旋腕使掌心从外转向内下压，右吊手自然向后拉伸，上下动作相随，同时开始，同时完成，并结合吸气，身势下沉蓄劲以待。

②当仆步下势时，左手由外旋转内旋下压经胸弧形随左转腰臂外旋，掌背沿大腿内侧向前穿出。在下蹲前穿掌时，要虚领顶劲、含胸拔背、尾闾中正、松腰松胯、开胯圆裆，防止身体前俯、凸臀。

③在仆步运进时，左手沿左腿内侧前穿要意贯掌指向前引路，带动肘、肩、膝、胯各个关节徐徐跟进，做到上下节节贯穿，随手而进。下势时吸气蓄劲为合；穿掌时吐气为呼为开。

技击用法

①如对方用冲拳击我前胸；我用左手採住对方手腕后，速用全身下沉之劲将其採倒，或将对方引进使其失重跌扑。

②如对方急攻我身，我速后坐避让；如对方落空欲向后抽逃，我即下势进身追击用左手击其裆部或腹部。

③如对方向我前扑猛攻，我速后坐下沉身势，迎对方来势，扑步前穿向其裆内进插，用左肩挑其腹部，立即起立。即可顺其猛扑来势将其挑起在我身后，腾空跌翻。

注：下势通常对付急攻近身者，我斜身避其锐气，进身攻其下路来劲。《太极体用全诀》有："下势蓄劲避其锐气，俯之弥深无所畏。"故太极拳下势在田谱又名"蛇身下势"或"斜身下势"。以上3种技击用法，都说明下势是一种具有仆步斜身灵活避让、伏身穿插进攻的退中有攻、起低伏行技击之法。

71.上步七星

动作演练

动作一：重心前移，左腿屈膝前弓，蹬右腿成左弓步；同时，左掌背沿左腿内侧前移向前穿出，掌心向右，与胸同高，右吊手变掌落至胯旁，掌心向内；眼

向前平视，眼神关顾左掌前穿。（图284）

动作二：左脚尖微外摆，重心全部移到左腿，右脚跟离地经左脚内侧提起，向前上半步，脚尖点地，成右虚步；同时，腰微左转，左手弧形收至胸前握拳，拳眼向内，右手随右脚上步过腰至胸前弧形握拳，收于左拳外侧，两拳十字相交，拳眼向内，双臂呈圆弧形，与肩同高；眼向前平视，眼神关顾两拳。（图285、图286、图286附图）

图284　　　　　　　图285

图286　　　　　　　图286附图

技术要领技击用法

①下势仆步至左弓步,身体重心有明显的升降变化,仆步下伏前行时必须逐渐缓慢地向前起立,不能断劲,不能突然提升重心。穿掌时,左掌指要沿左胸腹、左腿前穿须走弧形,两臂和两腿保持曲蓄有余的状态。

②左手向上握拳后有一个很细微的动作,即握拳扣腕,这个握拳扣腕动作不光是手握拳,应该由腰向右内转带动左手握拳扣腕;腰先右转随即左转,同时右拳至胸前,两拳相交,右脚上步用脚掌轻轻点地,整个动作上下相随,协调一致,手到脚到意到劲也到;定势时吐气,气沉丹田。

③两拳交叉前掤时,不可耸肩、抬肘,也不可两肘贴肋僵住,身体要中正安舒,两臂须舒臂圆撑,并有曲蓄而又圆满放松的状态。

注:太极拳论"柔过路,刚落点",杨式"上步七星"也是同样道理。本套路72式上步七星动作二讲到左手弧形经胸向上握拳向右扣腕,说明左手不是直接握拳,而是在弧形经胸向上时才开始握拳并随转腰内扣。右手随右脚上步自后过腰经胸弧形向前上握拳出击,两腕交叠两拳交叉相合,做到合中有开,右手与左手同理,都不是直接握拳上去的,右手是过胸之后才开始握拳,这都合乎拳理要求。平常行功走架须处处放松,动作绵绵不断,如行云流水。在落点时做到意到、气到、劲到,这里落点指的是在放松状态下的落点。上步七星,两拳相交时须提顶、含胸、拔背、松肩,外走柔软,内含坚刚,做到上下、左右周身皆太极。

何为上步七星,顾名思义,是借用天文北斗星座7颗星组成来作为象征,即头、肩、肘、手、胯、膝、脚,用心念意气来顾盼"七星"。在演练该式时,以身体上述7个部位及立身中正为前提,做到两拳在胸前交叉相合,合中有开,上肢的肩、肘、手由于双拳胸前交合已经顾住了上体,起到了自我保护的作用。步型则以右脚虚步点地,做到尾间内收,胯开裆圆,两膝微合,左脚全脚掌贴地,头部收项提顶,身法中正轻灵,全身备五弓,内有中定之劲,意念贯注且全身轻灵,身体的7个部位处处有灵敏之意。在实战时,上肢近则用肩靠,中则肘撞,远则用拳、掌、指出击;下肢近则胯靠,中则膝顶或膝蹬,远则可用脚蹬或踢;近身背靠、胸靠和胯靠,还可用前额点击;以人体七星即头、肩、肘、拳（手）、胯、膝、脚等各个部位随对方变化而变化，以静待变，随机击之，以对付侵我"七星"之攻击。

72.退步跨虎

动作演练

动作一：腰微左转；同时，两拳变掌，右掌外旋，向左弧形翻掌，掌心向上，与左肩相对，左掌内旋向右弧形翻掌经胸至右臂腋前，掌心向下；眼神随右手向前平视。（图287）

动作二：腰向右转，右脚提起向后退一步，脚尖先点地，重心后移，全脚掌踏实成左虚步；同时，翻右掌，掌心向下，左手沿右手臂下侧向前而出，右手经左手腕上侧而过，两掌向左右分开，掌心均向下，与肩同高同宽；眼向前平视。（图288）

动作三：重心继续后移，左腿屈膝上提至腹前，脚尖自然下垂；同时，两手臂在胸前屈臂沉肘向后发力双採，掌心向前下，与胸同高；眼向前平视，眼神关顾两掌。（图289）

动作四：右腿略下蹲，身势下沉中正，左脚向前下落，脚跟着地，脚尖上翘成左虚步；同时，两手随沉肩向前按出，掌心向前；眼向前平视，眼神关顾两掌前按。（图290）

图287　　　　　　　　图288

四、杨式田架太极拳新编八十一式动作图解

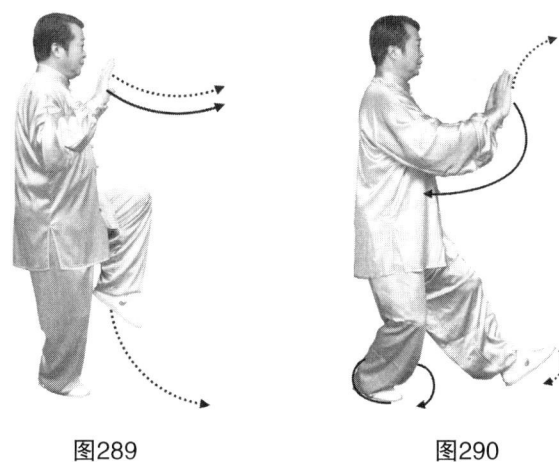

图289　　　　　　　　图290

技术要领

腰向左转时为左顾（动作一），腰向右转时为右盼（动作二），身势下沉时要立身中正（动作三、四），即为中定。右脚退步不能走一条直线，而是要月牙形地向后撤一大步。退步移重心、两手前按击出要做到上下相随，协调一致。

注：退步跨虎，看似一个"退"字，其实"退"字里面有很多招法，可以通过"退"演化出"退中有攻""退中有走""退中有引""亦退亦化""亦退亦攻"等蓄守待攻的技击方法。

上步七星是右脚上步为进，退步跨虎是右脚后撤为退。两招式均包含了太极十三势五行中的"进、退、顾、盼、定"，左顾右盼中定已在其中，五行俱全，在此招式里都能体显出来，学练者可仔细推敲，认真体悟、领会。这里强调的太极十三势，即八法五行。

技击用法

①我以右虚步七星蓄势以待，如对方用弓步进身、双贯拳击我头部或双耳，我双拳变掌，顺对方来力以两臂掤劲控制其两手，速退右脚引进其身，双手握住对手左右手腕，屈肘后採，同时速提膝上顶其腹部或裆部。如对方抽逃，我即落步，用双按劲将其击出。

②如对方向我近身逼近，我握住对方双腕速向后发力双採，并点头用前额点击其脸部。

73.转身摆莲

动作演练

动作一：左脚尖内扣，腰向右转，重心移至左腿，右脚提起经左脚前向右上步，脚跟先落地，脚尖外摆踏实；同时，左手外旋向左前伸，手指与鼻同高，掌心斜向上，右手略内旋，收置于右胸前，掌心斜向外，两掌成平捋势；眼随左手向前平视。（图291）

动作二：腰继续向右转，以右脚掌为轴，向右后转体约360°，左脚略踩地再向右摆腿，脚跟（朝北）落地，脚尖内扣，重心仍在右腿；同时，两手臂随转体不变；眼神随转体平视转移，左脚落地时眼视左手，后向前平视。（图292、图293）

动作三：重心左移，腰稍右转，左腿屈膝，左脚踏实，右脚掌仍着地成右侧虚步；同时，两掌自左经脸前向右平移，右手移到右前方，掌心向外，与肩同高，左手移至右肩前侧，掌心向右下；眼随两手从左至右移动，后向前平视。（图294）

动作四：腰向右转，带动右脚自左向右上方弧形外摆，膝部自然微屈，高度在胸腰之间，脚背侧面向右；同时，两掌自右向左迎着右脚背侧面拍击（此亦谓双摆莲），身体由右向左转；眼神关顾两掌拍击脚面。（图295、图296）

动作五：身体略右转，右腿屈膝收回，脚尖自然下垂，左腿屈膝成左独立势；同时，左手向左前上举，掌心向前，与眉同高，右手置于左胸前，掌心向下；眼向右前平视，眼神关顾两掌。（图297）

图291

图292

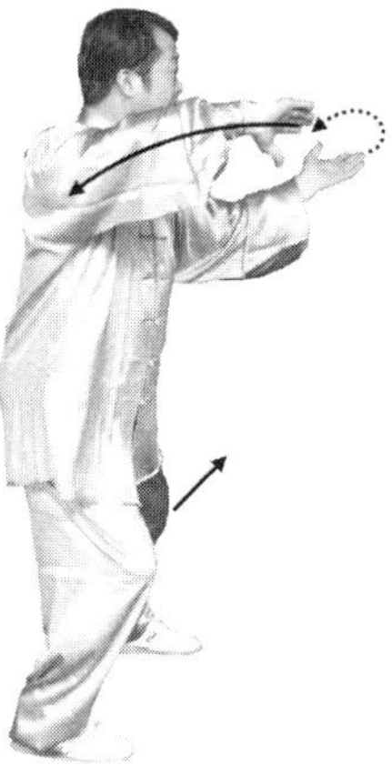

四、杨式田架太极拳新编八十一式动作图解

图293 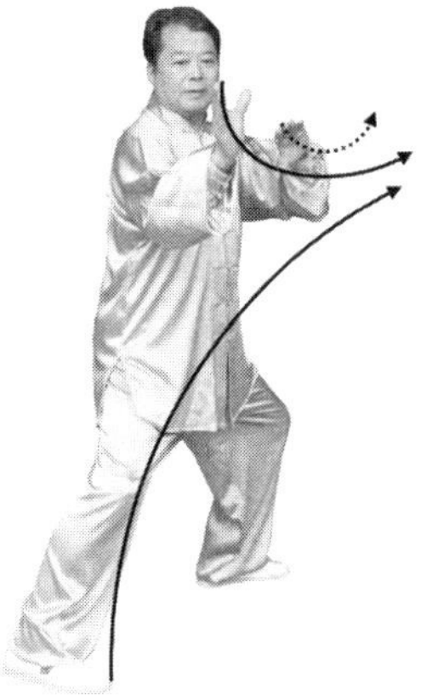　　　　　　　　　图294

图295 　　　　图296 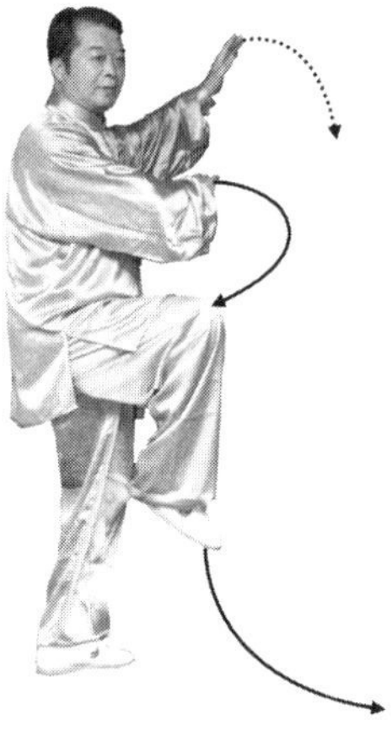　　　　图297

技术要领

①转身摆莲时，要先转身后摆莲。在全套八十一式动作中，此式是一个转身角度最大的动作，它以面朝东开始，转身360°后，仍以面朝东结束。在转身时必须以脚的转换为前提，腰转带动身转再带动摆腿。

②在左脚内扣、右脚外摆时，角度一定要掌握好。角度过小，转身不易到位，动作不轻灵圆活；角度过大，则重心不稳定，容易造成动作失误。在转身过程中，要保持立身中正，不能左右摇晃；腰部也要保持舒松，转体方能灵活

141

自如。

③转身定势后，左腿要渐渐下蹲，形成一种先蓄后发的预动之势。强调两腿膝部微屈，不能僵直，以便两腿灵活发力。左腿微屈稍下蹲，要含有一种内在的弹性，起到协调平衡的作用，做到蓄而后发，才能使摆莲动作顺利完成。腰部自左向右转带动右脚自左向右成扇面外摆，外摆腿要有横劲，同时两手自右向左先后拍脚要准确响亮，两手要有横劲。手脚拍击有一种很强的合力，这种合力均由腰脊发出，正如先师陈志远所言："上下五张弓，全凭腰发力。"可见太极十三势歌诀中提到的"命意源头在腰隙"的重要性了。功底好的摆莲动作可轻起轻落。

④双手在转身和摆莲之前，须在立身中正的前提下，做到虚领顶劲、松肩沉肘；两掌迎击右脚侧面时，两臂微屈放松；在摆莲时，用意贯注右脚背侧面和两手掌心，做到眼到、手到、脚到、意到、劲亦到。

⑤转身摆莲时动作和呼吸要配合好，右脚外摆与双手拍击时呼气；右脚屈膝、左腿支撑成独立步时吸气。由于该动作转身幅度大，所以转身的速度也由慢到略为加快。眼神应随动作变化而转移，既不能抬头向上，也不能低头看地。

技击用法

①我以退步跨虎势待动，如对方用右手向我胸前进犯，我用右手接对方腕部，左手封其肘部，顺其攻势向右后大转身，化解对方进击之力，用双捋之力使对方失控。

②群战时，我以跨虎之势以静待动，对方用双手向我胸前进犯，我稍转身避开对方的正面来劲，双手採握其右手再右转身发腰力将对方捋出。另一人从右后来犯，我即向右转体用左脚自左向右扫腿破之，使其跌翻。我继续转体（东面），又一人正面向我进攻，我速用双手自左向右横捌，对方遭横捌，双手招架，上身露出破绽，我即刻出右脚自左向右横摆击其腰肋或胸侧，并用两掌自右向左横击其面部。然后独立横掌，蓄势以待。

74.双劈掌挽弓

动作演练

动作一：右弓步劈掌。左腿下蹲，右脚向右前上步（东南方），脚跟先着地，身体右转，随重心移向右腿，右脚全脚踏实，弓右腿，蹬左腿成右弓步；

同时，右手经胸弧形向右前下採至右腰前，掌心向下，左手经脸前弧形向右前劈掌，掌心斜向右，与头同高；眼向前（东南）平视，眼神关顾左掌前劈。（图298）

动作二：左侧弓步横劈掌。腰稍右转即左转，重心移向左腿成左侧弓步；同时，右手随转腰自下而上弧形向左上划弧，臂外旋向左前劈掌，掌心斜向上，与臂同高，左手臂内旋弧形向下，屈收于右腋下，掌心向下；眼神随右手横劈掌向前平视（东北方向）。（图299）

动作三：挽弓横击。向右转体，重心移向右腿成半马步（四六开，重心右腿为六、左腿为四）；同时，右手自前向里沿左腕背上侧，边收边内旋随屈臂翻掌握拳收至胸前，拳心向下似拉弓状，左手沿右臂下侧向前过右腕握拳横击，掌心向下，拳眼向里呈半圆形如弯弓状，两拳如挽弓蓄劲；眼向前平视（东北斜方），眼神关顾两拳。（图300）

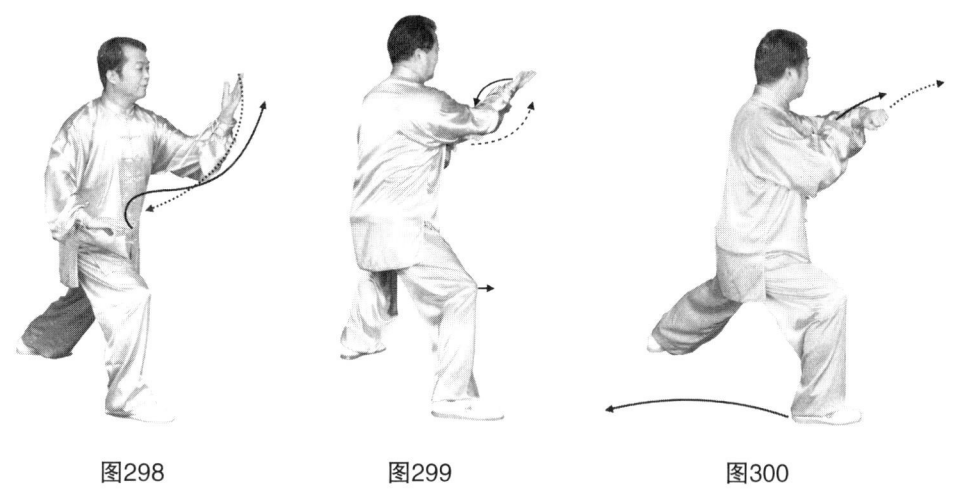

图298　　　　　图299　　　　　图300

技术要领

①从（图289）独立举掌时蓄势提脚，到上右脚落步成右弓步落掌时吐气劈掌，在上承下连的过程中呼吸与动作要紧密结合，做到"起吸落呼"。符合太极十三势行功心解中提到的"能呼吸然后能灵活"。

②在右弓步左劈掌转向左侧弓步右劈掌之前，腰脊要有一个折叠的过程，即腰欲左转先右转，腰右转为蓄劲，腰左转为发劲，掌握腰脊折叠方法能使腰力发

挥得更加充沛有力。左右两劈掌要以腰为主宰，使动作顺势连接、相连不断、势势相承。

③左手臂挽臂握拳向前横击要像拉弓状态，右手臂屈肘回收要似开弓蓄势状态，两手臂犹如弯弓待发之势，劲点聚集于左前臂上（近腕部及掌缘），横击时要配合吐气，须做到头正身直、含胸拔背、开胯圆裆。

注：太极拳动作与呼吸的配合，也称为"拳势呼吸"。拳势呼吸是太极拳从初级到高级的一大递进，呼吸和动作能协调配合，在行功走架时就能体现太极拳精气神的境界。有一定水平的演练者在整个套路中应多采用这种"拳势呼吸"，这对于提高拳艺、增强内劲、增加肺活量和延年益寿有非常重要的作用。

技击用法

①如对方用右手向我胸前来犯，我上右步，用右手接对方手腕下採，左掌横击对方上路。

②如对方向左方避让，我速向左转体，举右掌向左再次劈击对方头部。右手掌背藏于肘后，谓肘底掌。

③如对方用右手採我手腕，我速转腰后坐，右手翻掌握对方手腕后採，左手握拳向左前横击对方前胸，两手右採左击似挽弓对拉蓄势前发，此发劲为短劲，也可称"寸劲"。

75.退步射虎

动作演练

动作一：重心后坐，腰微右转，右腿提起随转身向后退一步成左弓步；同时，两拳变掌，左手略前伸掌心斜向前，与鼻同高，右手掌心斜向下与胸同高；眼向前平视。（图301）

动作二：重心后移，腰略右转成左低虚步；同时，双手下採，随转体过腰握拳，右拳弧形向下、向后、再向上、向前反打，拳心朝下，拳面朝前，至右额上，左拳外旋弧形经腰际，再向前至胸前，拳心向里，拳背朝前与肩同高；眼向

前平视。（图302~图304）

图301

图302

图303

图304

76.进步打虎

动作演练

动作一：重心前移，左脚踏实，左腿起立，右腿屈膝提起，脚尖自然下垂成左独立步；双手握拳不变，立身中正，眼向前平视。（图305）

动作二：右腿向下落地震脚，腰速向右转体，左腿速向前上一步成左低虚步；同时，两拳随转体向右后蓄劲。（图306）

动作三：重心前移，腰向左转，弓左腿，蹬右腿成左弓步；同时，双拳快速向前击出，左手拳心向里，拳背向前与肩同高，右手拳心向下，拳面向前与眉同高；眼向前平视。（图307）

图305　　　　　　　图306　　　　　　　图307

技术要领和技击用法

本式退步射虎是以退步、拉弓、射虎三位一体的技法克敌制胜。用法如下：对方向我正面进攻，我顺借来势，双手用採劲，转身后退把对方引进，使其攻势落空，我即转身向前反打（如拉弓状）。如对方向后退步抽逃，我提右腿向下震脚助威，速上左腿成左弓步，两拳如放箭一样向前击出，把对方发出或使其倒地（右拳击对方头部，左拳击其胸部）。

77.独立冲肘

动作演练

动作一：腰向左转，随转腰带动左脚尖略外摆，重心全部移到左脚，右脚向上提起至左腿前，脚尖点地成右虚步；同时，右拳向下收于腹前，拳心向下，左拳变掌弧形向下、向后、向上置于左额前，掌心向左，指尖朝东；眼向前平视。

四、杨式田架太极拳新编八十一式动作图解

（图308）

动作二：腰微向左转，左腿起立，右腿屈膝提起，脚尖下垂成左独立步；右拳经胸屈肘，拳眼与肩相对，肘尖向前冲出，与肩同高，左手向下经右掌背下压至左腰旁，掌心向下，成独立步冲肘；眼神关顾右肘后向前平视（东）。（图309）

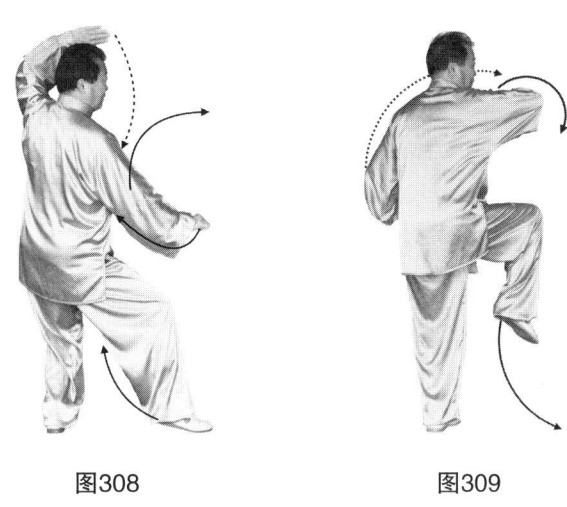

图308　　　　　　　　图309

技术要领和技击用法

①接（图307）我左弓步出双拳向对方发劲击出，对方仰身躲避，并用脚尖踢我腹部，我上右虚步并用俯拳下击其脚背予以破解。

②完成退步射虎转为独立冲肘时，先要做好脚的转换，左脚尖外摆45°时，应做到立身中正，速度均匀，右膝提起做到步法轻灵、独立势站立平稳。

③独立势右手握拳发劲应由慢到快，肘尖前冲发劲应快速干脆，意贯肘尖，左手掌心沿右手背下压到腰间与右肘前冲成对拉，两目随出肘向前平视达到一致。

④如对方出拳向我胸前出击，我左手下落化解，即起身独立冲肘击其胸部，右膝上击对方的腹部。

78. 进步搬拦捶

动作演练

动作一：右脚向前（朝东）上步，脚跟着地，脚尖向前（朝东）成右虚步；同时，右拳自胸前弧形向上经脸部至胸前搬出，拳心向左（劈），与臂同高，左手随右拳（相距半尺），掌心对右拳拳眼；眼向前平视，眼神关顾右拳。（图310）

动作二：腰向右转，右脚尖外摆45°，重心移向右腿，左脚跟离地；同时，右拳随转体外旋，拳背弧形向上、向前搬出于胸前下落，拳心向上，与胸同高，左掌弧形向右落于胸前，掌根在右臂肘关节上侧；眼神关顾右拳，并向前平视。（图311）

动作三：腰向右微转，重心全部移到右腿，右脚全脚踏实后，左脚向前上一步，脚跟着地成左虚步；同时，左手随转腰弧形由里向前沿着右臂里侧向前拦出，掌心向右前，右拳弧形收回于腰间，拳心向上；眼神关顾左掌前探向前平视。（图312）

动作四：重心移向左腿，左脚全部踏实，弓左腿，蹬右腿成左弓步；同时，向左转体，随转体右手臂内旋，右拳由腰向前打出，拳面向前（东），拳眼向上，与肩同高，左掌向里收回，掌心置于右肘关节内侧，坐腕立掌，指尖向上；眼神跟随右拳打出后向前平视。（图313）

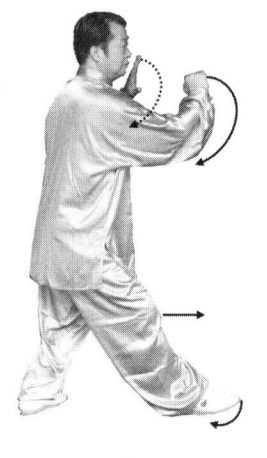

图310

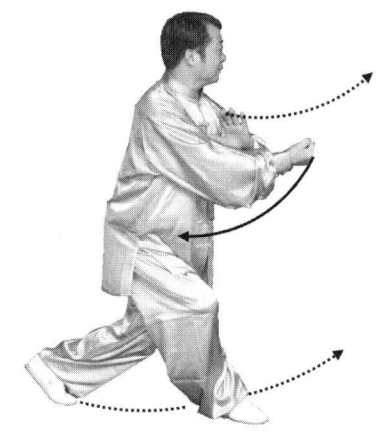

图311

四、杨式田架太极拳新编八十一式动作图解

图312　　　　　　　　图313

技术要领

①右手握拳上搬，先以拳眼向后为劈拳，后以拳心向上为搬拳，一劈一搬运行路线要规范准确，先自下而上向前劈出后，即转腰由前向下握拳搬压，再向后抽回腰间待蓄，此时步法为左虚步，右搬拳与左拦手须立身中正，有前后对拉之蓄势。

②腰随步转，手随腰动，才能使搬拦捶手法和步法上下相随、巧妙结合。运动时以腰带动两手，但两手不可离身体太开、太远，应做到无过无不及。屈伸须沉肘松肩，对拉时做到开中有合、合中有开。

③右拳从腰间向前打出须随腰转动，向前打捶时拳心向上转为立拳，拳面直对正东，同时右腿后蹬，做到拳到、脚到、劲到，用意贯注；握拳为松握，运行到达劲点时拳须握实，意到拳面，与左掌收于肘内侧与右脚后蹬二者同时逆向对拉。定势时虚领顶劲，含胸拔背，脊柱骨命门穴后拉沉气，眼神朝出拳方向远视。

注：搬拦捶顾名思义，搬、拦两字先是搬开、后是拦住，并拦粘对方来犯，是一种主动化解防护的措施，并以直拳击打对方胸部为目的。在步法上先以右脚提起边上步边外摆，再左脚上步，直踏对方中门主动逼进。在手法上采用一搬二拦三捶连续主动的攻防技击方法。

技击用法

①接上势独立冲肘,肘尖直冲对方胸部,如对方退步避让,我提膝进步,右手由下而上用劈拳(拳心向左)击打对方脸部。

②对方边退步避让,边用左拳攻我胸前,我右腿提膝右脚进步跟进,并用右手外旋转腕搬拳化解(拳心向上),使对方来拳落空。

③对方出拳被我搬拳破解即抽回,又出右拳击我头部,我速上步用左手向前拦击化解,也可用拦掌直扑对方脸部。如对方仰头躲避并露出胸部破绽,我出左腿左弓步前弓后蹬发劲用右拳对胸击之。

注:当对手向我进犯,我即以右肘冲击、劈拳上击、搬拳横格和左手拦击、右手出捶,手法众多;步法有独立步、进右步、上左步,手脚配合、上下相随、连续进攻的一套组合动作。正如十三势所写的"应敌变化示神奇",使对方防不胜防。这是一组群战的招式,可以分左右组合动作单练。

79.如封似闭

动作演练

动作一:重心仍在左腿,身势稍下沉;同时,左掌经右肘下向右外伸,掌心向上,并沿着右前臂向前掠出,边掠边内旋使掌心向下,右拳变掌内旋,两掌在胸前交叉向左右分开,与肩同宽同高,掌心向前下;眼关顾两掌,向前平视。(图314~图316)

动作二:重心渐后移,屈右腿,蹬左腿成左虚步;同时,两掌边后坐边外旋翻掌,掌心向上弧形收到胸前,两掌再内旋,掌心斜相对,经胸前下按,含胸沉肘;眼向前平视。(图317、图318)

动作三:重心前移,弓左腿,蹬右腿成左弓步;同时,两掌向前上推按,与肩同高同宽,掌心向前;眼神关顾两掌,向前平视。(图319)

动作四:重心渐后坐,蹬左腿,屈右膝成左虚步;同时,两掌向下将至腹前,掌心向下;眼向前平视,眼神关顾两掌。(图320)

动作五:重心前移,蹬右腿,弓左膝成左弓步;同时,两掌从腹经胸弧形前按推出,高与肩平,掌心向前;眼视两掌方向。(图321)

四、杨式田架太极拳新编八十一式动作图解

图314 　　　　　　　图315 　　　　　　　图316

图317 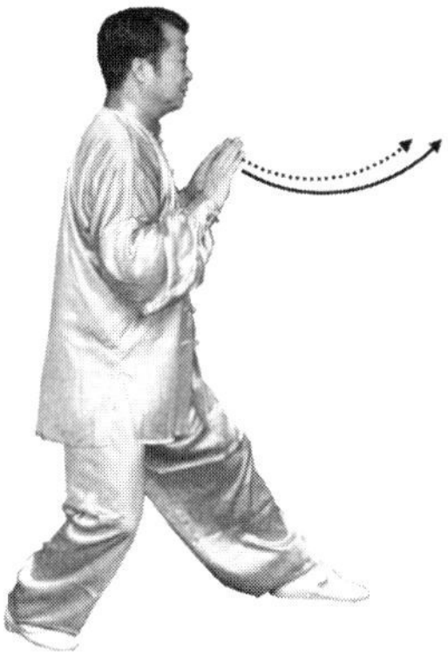　　　　　　　图318 　　　　　　　图319

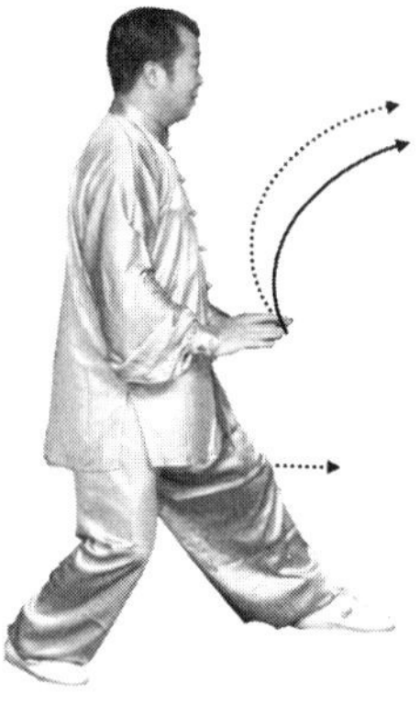

图320 　　　　　　　图321

技术要领

①左掌从右腋下先以仰掌后转俯掌在胸前交叉，两掌心向前下，用掌心把对方来劲封住，松肩沉肘，气达两前臂，意贯两掌心。

②两手翻掌后坐时须沉肘托掌，掌不遮眼，与鼻同高。两掌收回至肩前内旋、掌心斜相对，过胸下按时，双掌在胸前弧形从外向里用上弧形内收引进，使对方重心牵动即双手下按引进落空，此即拳论上所讲的"引到胸前劲始蓄"的蓄势。

③后坐蓄劲后，两掌在胸前下按并向前推出，要求后坐与前按保持上体正直，蹬腿向前按推须展指出掌，头部顶劲上提，做到腿、腰、胸、肩、手正确到位；后坐时两掌心向下，做到封闭对方来劲而后发，即太极拳论中所要求的"引到胸前劲始蓄，放时腰腿认端的"，是立身中正蓄而后发的典型动作。如封似闭的上下两次按劲，是田架的特色，称"双按"。攻防全面，合乎如封似闭的作用。

技击用法

我用右搬拦捶直进对方前胸，对方含胸化解我来拳，并用右手接握我手腕、左掌搭我右臂肘关节，用横劲欲逼我失重跌扑；我用左手穿过右臂下方粘其来手，右手随左转腰脱开对方虎口，随转腰顺势粘黏化开，使对方落空。如对方再用双手直取进犯，我后坐两手外旋掌心向上把对方双手托住如封似闭并坐身后引，把对方重心牵动。如对方回势抽逃，我速以两掌前翻，对准对方上体，以手到身拥之势弓步直推而去将其击出。如对方用双手再向我中路攻击，我双掌下按，后坐蓄劲，对方被引失重急抽回，我顺势向前再次用按推劲由下而上，手到身拥将对方击出或击倒。

80.十字手

动作演练

动作一：重心后坐，腰向右转，左脚尖内扣，右脚尖略外摆，重心移到右腿，成右弓步；同时，右臂沉肘外旋，掌心向内，左手向右与右掌交叉十字相合，左掌在外，掌心向右，右掌在内，掌心向左，与鼻同高，方向朝南偏西；眼神关顾两掌向前平视。（图322、图323）

四、杨式田架太极拳新编八十一式动作图解

动作二：腰向左微转，重心渐移向左腿成左侧弓步；同时，两掌弧形向左右外分，与肩同高，掌心均向外（南）；眼神朝南而视并关顾两掌。（图324）

动作三：重心全部移到左脚，先以右脚跟离地，然后全脚提起左移，脚尖点地，与肩同宽，而后全脚掌着地踏实，重心微右移，两腿渐起立微屈成开立步；同时，两掌经腹前向上划弧外旋，交叉合抱于胸前，右掌在外，左掌在里，掌心均向内，与肩同高；眼神先关顾两掌划弧而转移，当两掌即将交叉时，眼向前平视。（图325）

图322 　　　　　　　　　　图323

图324 　　　　　　　　　　图325

153

技术要领

①右弓步、双手在胸前交叉时，两肘不能上抬，须松肩屈臂，两肘微垂，做到手合臂开，即"合中寓开"之意。

②重心从右腿移到左腿成左侧弓步、两掌自上而下与肩同高，此动作是本套路中两臂左右开展最大的动作，两肘须有下沉内合之意念，即为"开中寓合"之身势，此时应该吸气，当双手弧形下落时应吐气，此即拳论所说的一种"起吸落呼"的呼吸方法。

③当两手由上向左右弧形分开与肩相平、从右弓步转到左侧弓步时，须做到上下相合，同时防止身体前俯后仰、左歪右斜，须做到太极十三势歌明示的"尾闾中正神贯顶"。

④当两手弧形回合于胸前交叉掌心朝里合抱时，右脚收拢成开立步，手与脚松静自然上下相随，意念贯穿于外合内开的动作中；两臂两掌合抱为前半圆，背部脊柱外撑为后半圆，整个身体如一棵大树，呈圆柱形，前后产生外掤劲，两臂内侧与沉肩含胸形成一个合中有开的内开劲。两脚心涌泉穴意念入地。

注：十字手内开外掤形成臂、背圆撑合成一个整体劲，这样很自然地就能做到上则虚领顶劲，中则含胸拔背，下则尾闾中正内收，气沉丹田，直至意贯脚心，做到上中下一气贯通，谓立身中正，支撑八面，中定不偏，还能产生一种周身浑然的太极中定劲（此式是以开立步站立，可作为太极站桩练法，经常练习必能增强中定劲）。

技击用法

①如对方用双手攻我胸部，我用双臂十字合掌把对方掤住，前臂粘黏对方来犯之手臂，并用双手前臂与腰脊对撑，气沉丹田，力由脊发，劲贯于十字手双腕之背向对方抖弹发劲。

②我十字手双合以静待动，对方用双峰贯耳击我太阳穴，我用十字手双分将其双手化解，向下用双手抱住其腰部，即用头部前额点击其胸部。

四、杨式田架太极拳新编八十一式动作图解

81.太极收势

动作演练

动作一：两手内旋向前平伸，随即向左右分开，与肩同高同宽，掌心向下；眼向前平视，眼神关顾两掌。（图326）

动作二：两臂放松，肘略下沉，两腕微坐，自然带动两掌略向内弧形向下按至胯旁，两手指前，两掌心向下；眼向前平视。（图327）

动作三：左脚跟离地，脚跟、脚尖依次提起向右脚靠平，脚尖先点地，然后全脚掌踏实成立正势；同时，两掌自然下垂，虚虚轻合于两腿，两臂与两掌指自然下垂，掌心向内；眼向前平视，随着收势眼光收敛为内视。（图328）

图326　　　　　图327　　　　　图328

技术要领

①当两臂从腹前交叉合抱缓缓起立至胸前时要吸气托掌，两掌内旋前伸向下时双肘要微微下沉，两臂回收坐腕下落至两胯旁时要呼气落掌，一吸一呼与动作内外相合，做到放松入静，呼吸宜慢、匀、长、深。

②收势时眼神和意念、呼吸和动作须做到一动俱动、一静俱静。眼神从向前平视，随动作收势两臂放松自然下落，转为内视，此时意念内收，从上丹田经中丹田直至气沉下丹田，做到意气通三丹，意贯脚底，相接地气。

155

注：太极拳收势动作要求回归到起势位置站立，仍旧面对起势方位。

收势意为全套传统老架田谱太极拳精编套路演练结束，亦即九九八十一还原归一，合太极也。王宗岳《太极拳论》一开始就指出："太极者无极而生，阴阳之母""动之则分，静之则合"，收势即趋合、趋静，必须按动作要领一一做到，切不可敷衍马虎。陈志远先师曾再三告诫，太极拳收势与起势同等重要。收势是体力和功力的积累，也是检验练功的成果。练拳时注重拳架绵绵不断，势势相承，以心行气，以气运身，达到神气相通。收势后做到神聚、心平、气顺，正如《太极十三势歌诀》所曰："势势存心揆用意，得来不觉费功夫。"长此日积月累，可达到精、气、神充沛，获得健体防身、修性养心的良好效果，使学练者终生受益。

上丹田在印堂穴略偏下的两目中间，为山根穴；中丹田位于两乳中心的膻中穴；下丹田位于肚脐下三寸的关元穴。太极拳气沉丹田通常指下丹田关元穴。

意贯脚底即将意气运到脚底涌泉穴，再由涌泉穴向全脚贯透，做到其根在脚。

意贯手心的劳宫穴，由劳宫穴向全掌贯透直达手指，这就是太极拳"劲贯四梢"，从脚尖到手尖的两手两足的尖端为四梢。

五、杨式田架太极拳新编八十一式线路图

第一节线路图

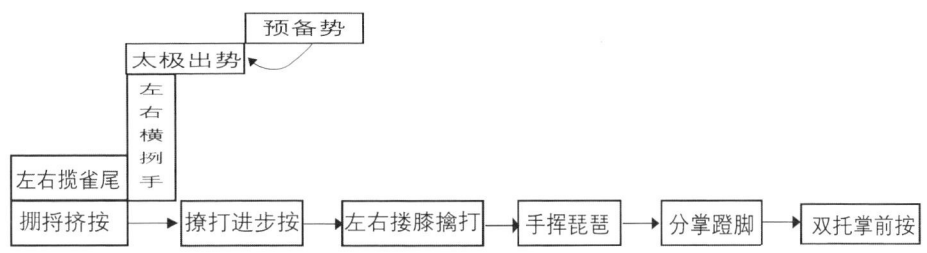

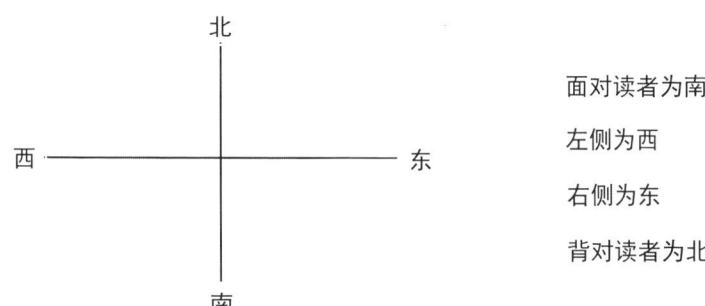

面对读者为南

左侧为西

右侧为东

背对读者为北

第二节线路图

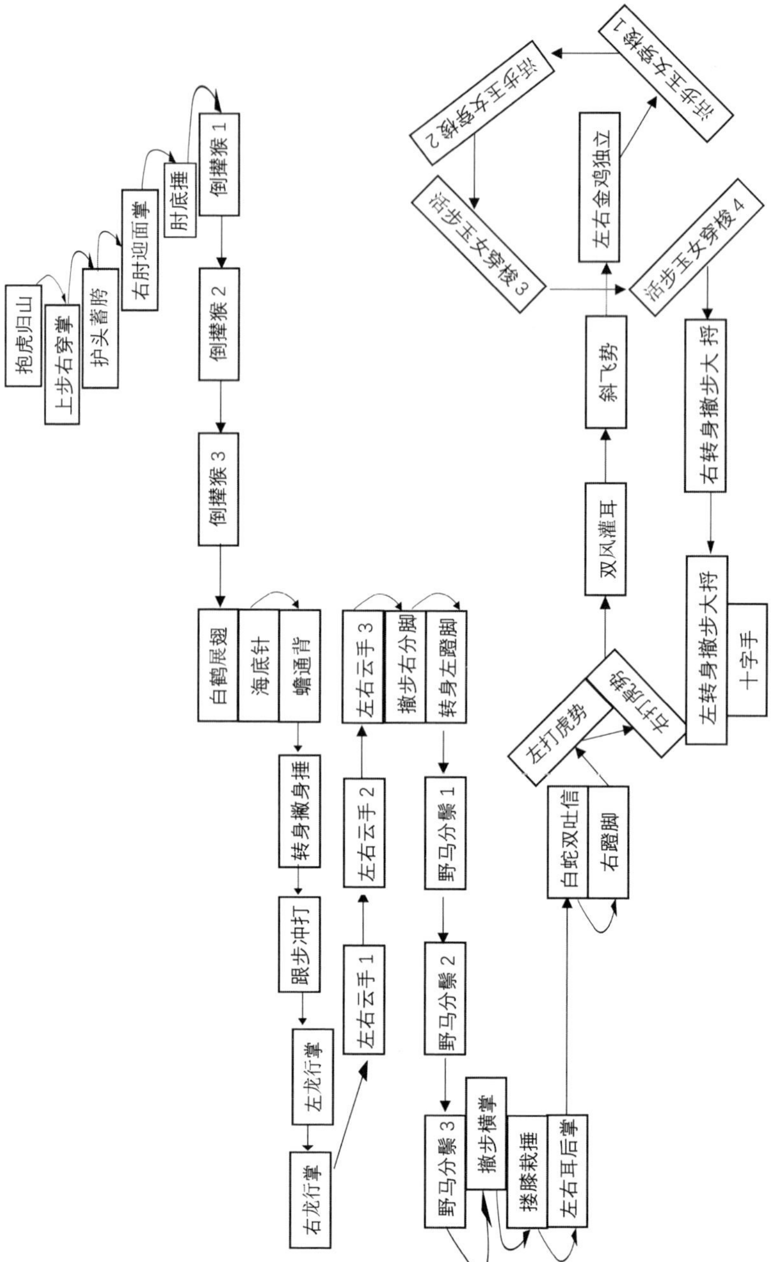
抱虎归山
上步右穿掌
护头畜胯
右肘迎面掌
肘底捶
倒撵猴 1
倒撵猴 2
倒撵猴 3
白鹤展翅
海底针
蟾通背
转身撇身捶
跟步冲打
左龙行掌
右龙行掌
左右云手 1
左右云手 2
左右云手 3
撤步右分脚
转身左蹬脚
野马分鬃 1
野马分鬃 2
野马分鬃 3
撤步横掌
搂膝栽捶
左右耳后掌
白蛇双吐信
右蹬脚
左打虎势
右打虎势
双风灌耳
斜飞势
左右金鸡独立
活步玉女穿梭 1
活步玉女穿梭 2
活步玉女穿梭 3
活步玉女穿梭 4
右转身撤步大捋
左转身撤步大捋
十字手

第三节线路图

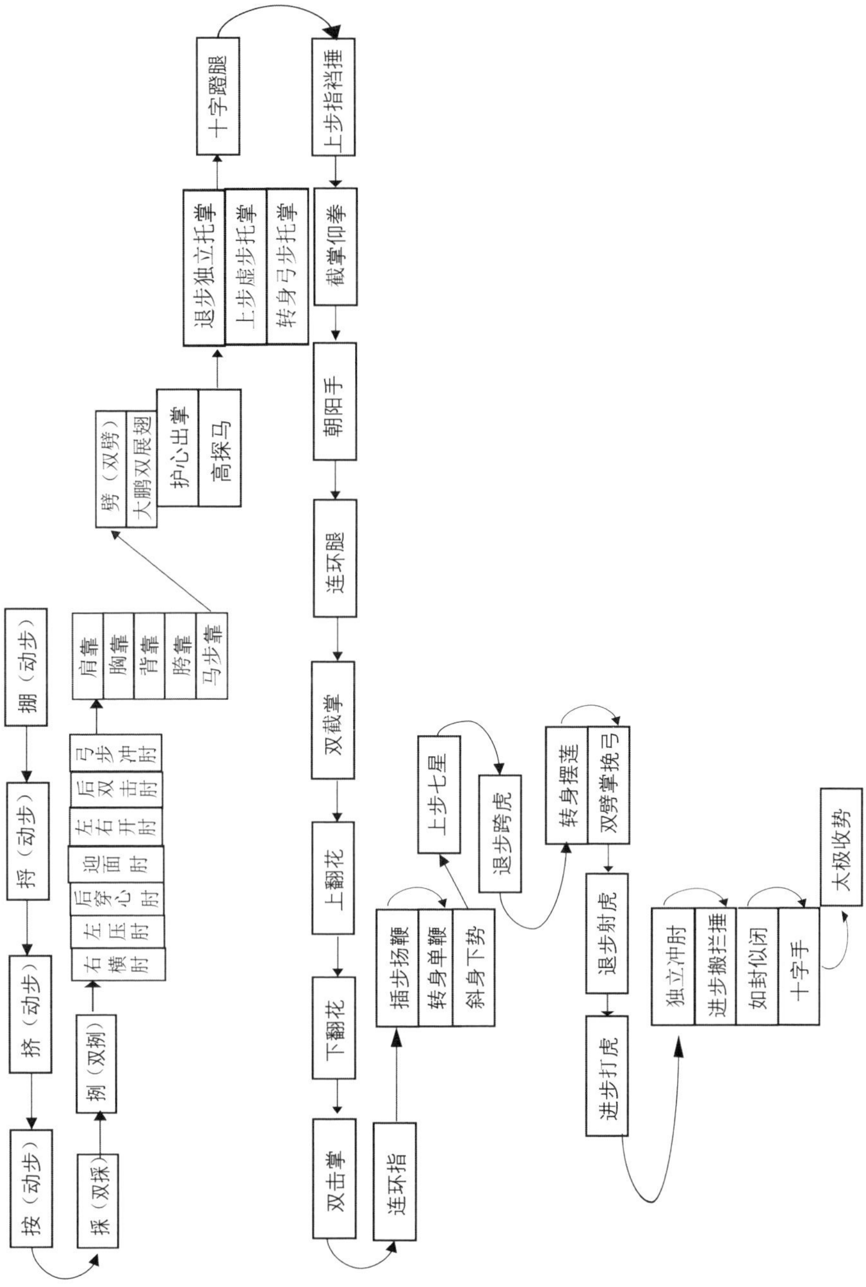

掤（动步）
捋（动步）
挤（动步）
按（动步）
採（双採）
挒（双挒）
右横肘
左压肘
后穿心肘
迎面肘
左右开肘
后双击肘
弓步冲肘
肩靠
胸靠
背靠
胯靠
马步靠
劈（双劈）
大鹏双展翅
护心出掌
高探马
退步独立托掌
上步虚步托掌
转身弓步托掌
十字蹬腿
上步指裆捶
截掌仰拳
朝阳手
连环腿
双截掌
上翻花
下翻花
双击掌
连环指
插步扬鞭
转身单鞭
斜身下势
上步七星
退步跨虎
转身摆莲
双劈掌挽弓
退步射虎
进步打虎
独立冲肘
进步搬拦捶
如封似闭
十字手
太极收势

附 录

陈志远太极拳十三势手抄真迹

太极拳十三势歌

十三总势莫轻视。命意源头在腰隙。变转虚实须留意。气遍身躯不稍滞。静中触动动犹静。因敌变化示神奇。势势揆心须用意。得来不觉费工夫。刻刻留心在腰间。腹内鬆净气腾然。尾闾中正神贯顶。满身轻利顶头悬。仔细留心向推求。屈伸开合听自由。入门引路须口授。功夫无息法自修。若言体用何为准。意气君来骨肉臣。想推用意终何在。益寿延年不老春。歌兮歌兮百卌字。字字真切意无遗。若不向此去推求。枉费功夫贻叹息。

打手歌

掤捋挤按须认真。上下相随人难进。任他巨力来打我。牵动四两拨千斤。引进落空合即出。粘连黏随不丢顶。

极柔而刚是灵灵。劲若抽丝云云明。开展凑紧乃缜密。待机向动如猫行。

学生习拳感悟

六年前一次偶然的机会，我看到小区院子里有个熟悉的身影在打太极拳，一招一式动作端正，有板有眼。走近一看，原来是宁波军分区武晋宁司令员在练习太极拳。待他收功，我便上前请教。武司令说他也是初学，若有兴趣，可以引见其太极拳老师。2014年10月6日早上，我随武司令来到位于月湖景区内的宁波市太极馆，见到了蔡天彪老师。那年蔡老师已七十有二，但满头乌发，慈眉善目，神采奕奕，听说我要学拳便欣然答应。其行拳走架，目光如炬，令人肃然起敬。

学拳从杨式老架九十八式太极拳开始，在太极馆戴济春教练带领下，每早一课，两个月后基本学会套路。因学习态度认真，坚持性好，从2015年1月17日开始，我有幸成为太极馆提高班的一员，也就是可直接向时任宁波市（连续五届）武术协会主席、太极馆馆长的蔡天彪老师学习太极拳，从此真正与太极拳结下不解之缘。

此后，无特殊情况，我每早必练，风雨无阻，至今已坚持六年有余。不敢说有太极功夫，但自感身体状态越来越好。尤其是承受住了繁重工作压力的考验，有时连续数日每天只睡三四小时，照样精神十足，对此，单位同事啧啧称奇。我想，坚持习练太极拳应该是首要原因了。此外，太极拳虚实变化、刚柔相济、轻灵松沉的要求，使我平生另一爱好乒乓球技术明显提升，球友戏称"太极乒乓"。

这些年，能够坚持练习太极拳，除太极拳本身的魅力之外，还有一个很重要的原因，是我遇到了一位好老师和一批好同学。时光荏苒，我随蔡老师学习太极拳已近六年，先后学习了老师亲自整理和创编的杨式老架九十八式（田谱）、六式、十八式、三十六式，以及陈式新架一路八十三式太极拳和杨式七十五式太极刀等套路。值得一提的是，2016年9月，在老师的鼓励和要求下，我参加了在浙江台州举办的"第二届国际传统武术大赛"，参赛套路就是老师亲编的杨式三十七式太极拳（系老师创编的杨式八十一式太极拳的前身），获得了第一名。虽然此项目参赛人员少，含金量不高，但对我的锻炼价值不小。六年来，老师严以律己、诲人不倦的品格，持之以恒、久久为功的毅力，履职尽责、拳以泽众的功德、拳交八方、弘武联谊的情怀，不忘师恩、笔耕不辍的担当，一直感染和激励着我和同学们，让我们既学拳亦润德。

2020年注定载入史册。新型冠状病毒肺炎疫情的暴发，再次证明生命的脆弱和健康的重要。正当大家居家隔离防疫抗疫的时候，老师利用这难得的空闲，把多年的愿望变成了现实：在之前编纂多本太极拳专著的基础上，将自己六十余年积累的太极拳研究和习练心得，经过近五年的细心揣摩和精心雕琢，把杨式田架太极拳的精华，由开始的三十七式逐步完善，编成了八十一式太极拳。4月19日，随着疫情缓解，研修班复课，老师上了第一课，正式把此套拳法授予我们。也许是疫情把大家憋坏了，重新回到太极馆倍觉珍惜，也许是研修班同学有了一定基础，也许是这套拳编得实在是好，大家感到学起来特别顺畅。每周两个半天，先后3个月20多节课，全套拳就学下来了，就像这套拳的风格：融阳容阴，纳动蕴静，行云流水，绵绵不绝，张弛有度，一气呵成。此后，老师又悉心反复纠正我们的动作，如今8个多月过去了，大家认为，这套八十一式太极拳和杨式老架九十八式太极拳是不可分离的姐妹篇，这两个套路应该成为本馆的"镇馆之宝"。九十八式以柔为主，养气养生，以练松沉劲为主；八十一式刚柔并济催力，快慢结合，蓄发并重，是太极拳所追求的意气力、精气神结合的绝佳呈现，全套演练约8分钟，被称为太极快拳。两套拳配合练习后，确有酣畅淋漓、神清气爽之感。尤其难得的是，这套拳不离武术搏击本质，不仅将传统太极拳之掤捋挤按採挒肘靠八劲用定步和活步等不同方式充分展现出来（其中"肘击"的动作就有7种之多），而且还有托、劈、截等新的劲路和用法，体现了老师关于武术的继承和创新的一贯思想，实为珍贵。长期习练，既能强身健体，更能搏击防卫。现在，此拳经过老师的精心编纂和大家的支持关心，即将付印出版，令人欣喜。这再次印证了老师不忘师恩、传承武学，推广太极、健康群众的夙愿。我将自己跟随蔡老师习武的心得感悟悉数奉上，唯愿我和同学们能追随老师，为推广太极、造福拳友尽点绵薄之力，亦三生有幸。

吴敏刚
2020年12月27日

注：此作者为宁波市太极馆研修班班长。

太极拳论

王宗岳

太极者，无极而生，动静之机，阴阳之母也。动之则分，静之则合。无过不及，随曲就伸。人刚我柔谓之走，我顺人背谓之粘。动急则急应，动缓则缓随。虽变化万端，而理唯一贯。由著熟而渐悟懂劲，由懂劲而阶及神明。然非用力之久，不能豁然贯通焉。

虚领顶劲，气沉丹田，不偏不倚，忽隐忽现。左重则左虚，右重则右杳。仰之则弥高，俯之则弥深。进之则愈长，退之则愈促。一羽不能加，蝇虫不能落。人不知我，我独知人。英雄所向无敌，盖皆由此而及也！

斯技旁门甚多，虽势有区别，概不外壮欺弱、慢让快耳！有力打无力，手慢让手快，是皆先天自然之能，非关学力而有为也！察四两拨千斤之句，显非力胜；观耄耋能御众之形，快何能为？立如秤准，活似车轮，偏沈则随，双重则滞。每见数年纯功不能运化者，率皆自为人制，双重之病未悟耳！

欲避此病，须知阴阳：粘即是走，走即是粘，阴不离阳，阳不离阴；阴阳相济，方为懂劲。懂劲后愈练愈精，默识揣摩，渐至从心所欲。本是舍己从人，多误舍近求远，所谓差之毫厘，谬之千里，学者不可不详辨焉！是为论。

长拳者，如长江大海，滔滔不绝也。掤、捋、挤、按、採、挒、肘、靠，此八卦也。进步、退步、左顾、右盼、中定，此五行也。掤、捋、挤、按，即乾、坤、坎、离，四正方也。採、挒、肘、靠，即巽、震、兑、艮，四斜角也。进退盼顾定，即金木水火土也。合之则为十三势也。

十三势歌

王宗岳

十三总势莫轻视，命意源头在腰隙。
变转虚实须留意，气遍身躯不稍滞。
静中触动动犹静，因敌变化示神奇。

势势存心揆用意,得来不觉费功夫。
刻刻留心在腰间,腹内松静气腾然。
尾闾中正神贯顶,满身轻利顶头悬。
仔细留心向推求,屈伸开合听自由。
入门引路须口授,功夫无息法自修。
若言体用何为准,意气君来骨肉臣。
详推用意终何在,益寿延年不老春。
歌兮歌兮百四十,字字真切义无遗。
若不向此推求去,枉费功夫贻叹息。

十三势行功心解

王宗岳

以心行气,务令沉着,乃能收敛入骨;以气运身,务令顺遂,乃能便利从心。

精神能提得起,则无迟重之虞,所谓顶头悬也。意气须换得灵,乃有圆活之趣,所谓变转虚实也。发劲须沉着松静,专注一方。立身须中正安舒,支撑八面。行气如九曲珠,无往不利(气遍身躯之谓)。运劲如百炼钢,何坚不摧?形如搏兔之鹘,神如捕鼠之猫。静如山岳,动若江河。蓄劲如张弓,发劲似放箭。曲中求直,蓄而后发。力由脊发,步随身换。收即是放,放即是收,断而复连。

往复须有折叠,进退须有转换。极柔软,然后极坚刚;能呼吸,然后能灵活。气以直养而无害,劲以曲蓄而有余。

心为令,气为旗,腰为纛(dào)。先求开展,后求紧凑。乃可臻于缜密矣!

又曰:"彼不动,己不动。彼微动,己已动。"劲似松非松,将展未展,劲断意不断。又曰:"先在心,后在身。腹松净,气敛入骨。"神舒体静。刻刻在心。切记"一动无有不动,一静无有不静。"牵动往来气贴背,敛入脊骨。内固精神,外示安逸。迈步如猫行,运劲如抽丝。全身意在精神,不在气,在气则滞,在神则活。有气者无力,无气者纯刚。气若车轮,腰如车轴。

太极拳解

武禹襄

身虽动，心贵静；气须敛，神宜舒。心为令，气为旗，神为主帅，身为驱使。刻刻留意，方有所得。先在心，后在身。在身，则不知手之舞之，足之蹈之，所谓"一气呵成、舍己从人、引进落空、四两拨千斤"也。

须知：一动无有不动，一静无有不静；视动犹静，视静犹动；内固精神，外示安逸；须要从人，不要由己；从人则活，由己则滞；尚气者无力，养气者纯刚。

彼不动，己不动，彼微动，己先动。以己依人，务要知己，乃能随转随接；以己黏人，必须知人，乃能不后不先。精神能提得起，则无迟重之虞；黏依能跟得灵，方见落空之妙。往复须分阴阳，进退须有转合。机由己发，力从人借。发劲须上下相随，乃一往无敌；立身须中正不偏，方能八面支撑。静如山岳，动若江河；迈步如临渊，运劲如抽丝；蓄劲如张弓，发劲如放箭。

行气如九曲珠，无微不到；运劲如百炼钢，何坚不摧？形如搏兔之鹘，神似捕鼠之猫。曲中求直，蓄而后发；收即是放，连而不断。极柔软，然后能极坚刚；能黏依，然后能灵活。气以直养而无害，劲以曲蓄而有余。渐至物来顺应，是亦知止能得矣！

太极拳说十要

杨澄甫　口述

陈微明　笔录

一、**虚灵顶劲**。顶劲者，头容正直，神贯于顶也。不可用力，用力则项强，气血不能流通，须有虚灵自然之意。非有虚灵顶劲，则精神不能提起也。

二、**含胸拔背**。含胸者，胸略内含，使气沉于丹田也。胸忌挺出，挺出则气涌胸际，上重下轻，脚跟易于浮起。拔背者，气贴于背也。能含胸则自能拔背，能拔背则能力由脊发，所向无敌也。

三、**松腰**。腰为一身之主宰，能松腰然后两足有力，下盘稳固。虚实变化皆由腰转动，故曰"命意源头在腰隙"，有不得力必于腰腿求之也。

四、分虚实。太极拳术以分虚实为第一要义。如全身皆坐在右腿,则右腿为实,左腿为虚;全身坐在左腿,则左腿为实,右腿为虚。虚实能分,而后转动轻灵,毫不费力。如不能分,则迈步重滞,自立不稳,而易为人所牵动。

五、沉肩坠肘。沉肩者,肩松开下垂也。若不能松垂,两肩端起,则气亦随之而上,全身皆不得力矣。坠肘者,肘往下松坠之意。肘若悬起,则肩不能沉,放人不远,近于外家之断劲矣。

六、用意不用力。太极拳论云:此全是用意不用力。练太极拳,全身松开,不使有分毫之拙劲,以留滞于筋骨血脉之间,以自缚束。然后能轻灵变化,圆转自如。或疑不用力何以能长力?盖人身之有经络,如地之有沟洫。沟洫不塞而水行,经络不闭则气通。如浑身僵劲充满经络,气血停滞,转动不灵,牵一发而全身动矣。若不用力而用意,意之所至,气即至焉。如是气血流注,日日灌输,周流全身,无时停滞。久久练习,则得真正内劲。即太极拳论所云:"极柔软,然后极坚刚也。"太极拳功夫纯熟之人,臂膊如绵裹铁,分量极沉。练外家拳者,用力则显有力,不用力时,则甚轻浮。可见其力乃外劲浮面之劲也。不用意而用力,最易引动,不足尚也。

七、上下相随。上下相随者,即太极拳论所云:"其根在脚,发于腿,主宰于腰,形于手指,由脚而腿而腰,总须完整一气。"手动,腰动,足动,眼神亦随之动,如是方可谓之上下相随。有一不动,即散乱也。

八、内外相合。太极拳所练在神。故云:"神为主帅,身为驱使。"精神能提得起,自然举动轻灵。架子不外虚实开合。所谓开者,不但手足开,心意与之俱开;所谓合者,不但手足合,心意亦与之俱合。能内外合为一气,则浑然无间矣。

九、相连不断。外家拳术,其劲乃后天之拙劲。故有起有止,有续有断,旧力已尽,新力未生,此时最易为人所乘。太极拳用意不用力,自始至终,绵绵不断,周而复始,循环无穷。原论所谓"如长江大海,滔滔不绝""运劲如抽丝",皆言其贯串一气也。

十、动中求静。外家拳术,以跳掷为能,用尽气力,故练习之后,无不喘气者。太极拳以静御动,虽动犹静,故练架子愈慢愈好。慢则呼吸深长,气沉丹田,自无血脉偾(fèn)张之弊。学者细心体会,庶可得其意焉。

十三势行功要解

武禹襄

解曰：以心行气，务沉着，乃能收敛入骨，所谓"命意源头在腰隙"也。意气须换得灵，乃有圆活之趣，所谓"变转虚实须留意"也。立身中正安舒，支撑八面；行气如九曲珠，无微不到，所谓"气遍身躯不稍滞"也。

发劲须沉着松静，专注一方，所谓"静中触动动犹静"也。往复须有折叠，进退须有转换，所谓"因敌变化示神奇"也。曲中求直，蓄而后发，所谓"势势存心揆用意，刻刻留心在腰间"也。精神能提得起，则无迟重之虞，所谓"腹内松静气腾然"也。虚领顶劲，气沉丹田，不偏不倚，所谓"尾闾正中神贯顶，满身轻利顶头悬"也。以气运身，务顺遂，乃能便利从心，所谓"屈伸开合听自由"也。心为令，气为旗，神为主帅，身为驱使，所谓"意气君来骨肉臣"也。

太极拳论要解

武禹襄

解曰：先在心，后在身。腹松，气敛入骨，神舒体静，刻刻存心。切记一动无有不动，一静无有不静。视静犹动，视动犹静。动牵往来气贴背，敛入脊骨。要静，内固精神，外示安逸。迈步如猫行，运劲如抽丝。全身意在蓄神，不在气，在气则滞。尚气者无力，养气者纯刚。气如车轮，腰如车轴。

又曰：彼不动，己不动；彼微动，己先动。似松非松，将展未展，劲断意不断。

十三势说略

武禹襄

每一动，惟手先着力，随即松开。犹须贯串一气，不外起、承、转、合。始而意动，既而劲动，转接要一线串成。

气宜鼓荡，神宜内敛。勿使有缺陷处，勿使有凹凸处，勿使有断续处。其根在脚，发于腿，主宰于腰，形于手指。由脚而腿而腰，总须完整一气，向前、退后，乃能得机得势，有不得机得势处，身便散乱，必至偏倚，其病必于腰腿求之。上下、前后、左右皆然。

凡此皆是意，不是外面，而在内也。有上即有下，有前即有后，有左即有右。如意要向上，即寓下意。若将物掀起，而加以挫之之力，斯其根者断，乃坏之速而无疑。

虚实宜分清楚，一处自有一处虚实，处处总有此一虚实。周身节节贯串，勿令丝毫间断。

五字诀

李亦畬

一曰心静：

心不静则不专，一举手前后左右全无定向，故要心静。起初举动未能由己，要悉心体认，随人所动，随屈就伸，不丢不顶，勿自伸缩。彼有力，我亦有力，我力在先；彼无力，我亦无力，我意仍在先。要刻刻留心，挨何处，心要用在何处，须向不丢不顶中讨消息。从此做去，一年半载便能施于身。此全是用意，不是用劲。久之，则人为我制，我不为人制矣！

二曰身灵：

身滞则进退不能自如，故要身灵。举手不可有呆像。彼之力方挨我皮毛，我之意已入彼骨里。两手支撑，一气贯串。左重则左虚，而右已去；右重则右虚，而左已去。气如车轮，周身俱要相随，有不相随处，身便散乱，便不得力，其病于腰腿求之。先以心使身，从人不从己。后身能从心，由己仍是从人。由己则滞，从人则活。能从人，手上便有分寸。秤彼劲之大小，分厘不错；权彼来之长短，毫发无差；前进后退，处处恰合，功弥久而技弥精矣。

三曰气敛：

气势散漫，便无含蓄，身易散乱。务使气敛入脊骨，呼吸通灵，周身罔间。吸为合、为蓄；呼为开、为发。盖吸则自然提得起，亦拿得人起；呼则自然沉得下，亦放得人出。此是以意运气，非以力使气也。

四曰劲整：

一身之劲，练成一家，分清虚实，发劲要有根源：劲起脚根，主于腰间，形于手指，发于脊背。又要提起全副精神，于彼劲将发未发之际，我劲已接入彼劲。恰好不先不后，如皮燃火，如泉涌出。前进后退，无丝毫散乱，曲中求直，蓄而后发，方能随手奏效。此谓"借力打人，四两拨千斤"也！

五曰神聚：

上四者俱备，总归神聚。神聚则一气鼓铸，练气归神，气势腾挪，精神贯注，开合有致，虚实清楚。左虚则右实，右虚则左实。虚，非全然无力，气势要有腾挪；实，非全然占煞，精神要贵贯注。紧要全在胸中、腰间运化，不在外面。力从人借，气由脊发。胡能气由脊发？气向下沉，由两肩收于脊骨，注于腰间，此气之由上而下也，谓之合；由腰形于脊骨，布于两膊，施于手指，此气之由下而上也，谓之开。合便是收，开即是放。能懂开合，便知阴阳。到此地位，功用一日，技精一日，渐至从心所欲，罔不如意矣。

走架打手行功要言

李亦畬

昔人云："能引进落空，能四两拨千斤；不能引进落空，不能四两拨千斤。"语甚概括，初学未能领悟，予加数语以解之。俾有志斯技者，得所从入，庶日进有功矣！

欲要引进落空，四两拨千斤，先要知己知彼。欲要知己知彼，先要舍己从人。欲要舍己从人，先要得机得势。欲要得机得势，先要周身一家。欲要周身一家，先要周身无有缺陷。欲要周身无有缺陷，先要神气鼓荡。欲要神气鼓荡，先要提起精神，神不外散。欲要神不外散，先要神气收敛入骨。欲要神气收敛入骨，先要两股前节有力，两肩松开，气向下沉。劲起于脚根，变换在腿，含蓄在胸，运动在两肩，主宰在腰。上于两臂相系，下于两胯、两腿相随。劲由内换，收便是合，放即是开。静则俱静，静是合，合中寓开。动则俱动，动是开，开中寓合。触之则旋转自如，无不得力，才能引进落空，四两拨千斤。

平日走架，是知己工夫。一动势，先问自己，周身合上数项不合？少有不合，即速改换。走架所以要慢，不要快。打手，是知人工夫。动静固是知人，仍是问己。自己要安排得好，人一挨我，我不动彼丝毫，趁势而入，接定彼劲，彼自跌出。如自己有不得力处，便是双重未化，要于阴阳开合中求之。所谓"知己知彼，百战百胜"也！

后 记

蔡天彪先生师承杨式田派太极名家陈志远先生，自年少入门，经年累月精研笃修太极拳术经典，不吝共飨私藏，编撰传世佳集。余有幸先睹之快，聊以数行心得忝为后跋。

太极拳集怡情养性、强身健体、技击对抗之大成；融易学八卦、阴阳五行、经络奇穴、导引吐纳于一体；系内外兼修、刚柔相济之传统内家拳术，其蕴藏中华文化之深奥精粹，乃首批国家非遗瑰宝。蔡天彪先生积六十余年武术修习和教练之经验，取精用弘、融会贯通，既遵循传统拳理技法之有序传承，又顺应当代武术运动之发展规律，曾先后编著出版了太极拳六式、十八式等适合青少年和大众普及的拳架套路。近年来又潜心专致于研究既能继承太极传统精华，又适合时代节奏特点的太极拳套路。功夫不负有心人，终于继太极拳经典套路《杨氏老架九十八式太极拳（田谱）释解》后，又告成此番新著。

蔡先生此《杨式田架太极拳新编八十一式》融柔合刚、开合有度、沉而不僵、徐疾流畅，特别适合广大太极拳爱好者传习修炼。若依套路修习得法并经熟练巩固，便可施展得舒展轻灵、中正平稳；若能坚持不懈，辅以拳势吐纳，更将发挥得酣畅淋漓，大裨强身健体。此套拳路继承了传统套路之精华，又在动作和拳速上做了精编细排，习练中时而有飞燕穿云之速，时而呈泰山劲松之势，故整套杨式田架八十一式不仅可养生健体更具技击和观赏性。

蔡天彪先生虽年近耄耋，仍黾勉从事、精勤不休，其老骥伏枥而壮心不已，宵衣旰食而乐在其中，此诚乃余所感佩之至。愿先生此番呕心之作，能为弘扬中华传统武术文化奉献倾情之力！

注：此后记作者邱德文先生历任宁波市电信局党委书记、局长，时任宁波市武术协会顾问、宁波市太极馆名誉顾问。